You have to have confidence in your ability,
and then be tough enough to follow through.

자신의 능력을 믿어야 한다.
그리고 끝까지 굳세게 밀고 나가야 한다.

_로잘린 카터

어린이를 위한
365 매일 읽는 긍정의 한 줄

개정 1판 1쇄 발행 | 2014년 8월 8일
개정 1판 2쇄 발행 | 2014년 11월 20일

지은이 | 박성철
한영 번역 | 배선형
펴낸이 | 이희철
기획편집 | 조일동
마케팅 | 임종호
펴낸곳 | 책이있는풍경
등록 | 제313-2004-00243호(2004년 10월 19일)
주소 | 서울시 마포구 월드컵로31길 62 1층
전화 | 02-394-7830(대)
팩스 | 02-394-7832
이메일 | chekpoong@naver.com
홈페이지 | www.chaekpung.com

ISBN 978-89-93616-40-8 73800

· 값은 뒤표지에 표기되어 있습니다.
· 잘못된 책은 바꾸어 드립니다.

이 도서의 국립중앙도서관 출판시도서목록(CIP)은 서지정보유통지원시스템 홈페이지 (http://seoji.nl.go.kr)와 국가자료공동목록시스템(http://www.nl.go.kr/kolisnet)에서 이용하실 수 있습니다.(CIP제어번호: CIP2014021335)

어린이를 위한

365 매일 읽는 긍정의 한 줄

박성철 지음 | 배선형 한영번역

책/이/있/는/풍/경

저자의 말

앞으로의 세상을 이끌 리더에게 가장 필요한 것은 무엇일까요?

'세상을 이끌려면 영어를 잘 해야 하지 않을까?'라고 생각하는 친구들이 많을 테지요. 물론입니다. 오바마 대통령, 마이크로소프트를 세운 빌 게이츠, 투자의 귀재 워렌 버핏, 반기문 유엔 사무총장을 비롯해 세계를 이끌어가는 리더들은 영어에 능숙합니다. 그런데 정말 영어만 잘 한다고 해서 리더가 될 수 있을까요? 진정한 리더가 되려면 영어 외에 다른 무언가가 있어야 합니다. 리더가 되려면 '세상을 이끈 리더'들의 생각과 인생을 배우고 익혀야 합니다.

다른 사람의 인생 성공 비결은 그들이 남긴 말과 글 안에 고스란히 담겨 있습니다. 그래서 성공한 사람이 남긴 글 한 줄은 여러분의 인생을 커다란 나무로 자라게 해 주는 귀중한 씨앗이 되기도 한답니다. 그들이 남긴 짧은 글 하나하나에서 성공한 리더의 생각과 인생을 배워야 합니다.

이 책 안에는 위대한 사람들이 남긴 인생의 귀중한 씨앗이 되어 줄 짧은 말과 글들로 가득 차 있습니다. 저는 여러분이 세상을 이끄는 리더가 되기 위해 필요한

'리더들의 생각과 그들이 남긴 말'을 우리 글로 생각하게 하고, 영어로도 배울 수 있게 하기 위해 한글과 영어로 함께 실어 놓았습니다. 여러분이 꿈꾸는 미래를 위해 영어 실력도 차곡차곡 저금통장처럼 쌓아 갈 수 있게 영어도 함께 실은 것입니다.

영어는 영어 교육 전문가인 배선형 선생님께서 원문의 영어를 초등학생의 수준에 맞게 새롭게 고쳤습니다. 초등학생에게 어려운 표현과 필요 없는 단어들을 빼고 초등학생의 눈높이에 맞추어 영어 문장을 만들었기에 더욱 의미 있는 책입니다. 그리고 제가 초등학생인 여러분에게 꼭 들려주고 싶은 인생에 대한 힌트의 글들도 함께 실었습니다.

이 책《어린이를 위한 365 매일 읽는 긍정의 한 줄》은 우리의 미래를 이끌 주인공인 어린이 여러분을 위한 종합 선물 세트입니다. 이 책을 읽은 여러분이 20년 후 세상을 이끄는 리더로 우뚝 설 수 있다면 이 글을 쓴 저는 더 바랄 것이 없겠습니다.

2014년 7월
박성철 선생님

The Daily Book of Positive Quotations

Contents

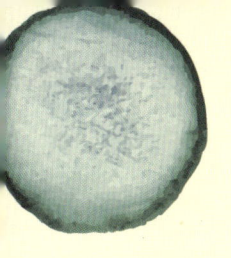
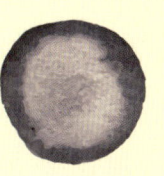

세상의 리더가 되어라 9
Be a leader of the world

천재는 노력하는 사람을 이길 수 없다 55
A genius can't beat those who try

자신을 이기는 사람이 가장 강한 사람이다 109
Those who overcome their struggles are the strongest

가장 위대한 치료제는 사랑이다 169
Love is the greatest cure

마음 부자가 가장 큰 부자이다 227
The wealthiest are those with the richest hearts

The
Daily Book
of Positive
Quotations

세상의 리더가 되어라
Be a leader of the world

Babe Ruth

내가 홈런을 많이 치는 비결요?
나는 계속해서 방망이를 휘둘렀을 뿐입니다.

How to hit home runs:
I swing as hard as I can, and I try to swing right
through the ball.

베이브 루스

The Daily Book of Positive Quotations

이 말을 한 베이브 루스는 세계 최고의 홈런왕입니다.
베이브 루스가 선수 생활을 하는 동안 친 홈런은 714개나 됩니다.
사람들은 홈런 하면 베이브 루스를 떠올리며 엄지손가락을 내민답니다.
한 신문 기자가 베이브 루스에게 이렇게 질문했어요.
"당신은 정말 위대한 선수입니다. 어떻게 홈런을 714개나 칠 수 있었습니까?"
베이브 루스는 웃으며 이렇게 이야기했습니다.
"제가 714개의 홈런을 칠 수 있었던 비결은 1,330개나 되는 삼진 아웃을 당했기 때문입니다."
사람들은 베이브 루스를 떠올릴 때 홈런만 떠올리지 삼진은 떠올리지 않지요.
하지만 삼진이라는 실패를 많이 겪었기에 홈런이라는 성공을 거둘 수 있었습니다.
실패하더라도 노력하는 자세를 잃지 않고 계속해서 방망이를 휘둘렀기에 그는 우리의 기억 속에 최고의 홈런왕으로 남은 것이지요.
사람들은 누구나 실패를 하면서 살아간답니다. 하지만 중요한 것은 실패를 교훈으로 삼고 성공의 디딤돌로 삼는 것이랍니다.
실패에 고개 숙이지 마세요.
실패에서 성공이라는 씨앗을 찾아내는 현명한 내가 되세요.

베이브 루스는 역사상 가장 유명한 야구 선수입니다. 선수 생활 동안 무려 714개의 홈런을 쳐서, 행크 아론이 그 기록을 깬 1976년까지 세계의 최고 기록을 유지한 선수입니다.

Steve Jobs

부자 따위에는 관심 없다. 잠자리에 들 때
"놀라운 일을 해냈어."라고 말할 수 있는 것이 중요하다.

I'm not interested in being rich. The important
thing is to be able to say
"I did something amazing" before going to bed.

스티브 잡스

The Daily Book of Positive Quotations

스티브 잡스는 세상을 바꾼 사람 중 한 명입니다.
하지만 그가 좋은 환경에서 살았던 것은 아닙니다.
그는 어린 시절 고아로 자랐고 양부모의 집에 입양된 어려운 환경이었답니다.
그럼에도 그는 모든 역경을 이겨내고 세상을 바꾼 컴퓨터 회사인 애플 사를 세웠습니다.
그는 돈보다 더 중요한 목표를 갖고 있었어요.
애플 사를 세우면서 그는 직원들에게 이렇게 이야기했어요.
"우리 한번 이 세상에 자국을 남겨 보자."
스티브 잡스는 부자가 되는 것보다 세상을 위해 놀랄 만한 일을 하겠다는 목표를 갖고 있었기에 마침내 부자도 될 수 있었습니다.
이 세상에는 돈보다 더 크고 중요한 것들이 많이 있답니다.
내가 세상의 발전을 위해 무엇을 할지, 내 재능으로 세상을 바꿀 수 있는 것은 무엇인지 생각해 보세요.
그리고 원대한 꿈을 갖고 도전해 보세요.
자신의 노력으로 세상을 좀더 살기 좋게 만드는 것.
그것보다 보람 있고 가슴 벅찬 일은 없겠지요.

스티브 잡스는 전 세계에서 가장 창의적인 CEO입니다. 애플 컴퓨터와 아이팟(iPod)을 만든 사람으로도 유명합니다. 고아였던 그는 먹고살기 위해 20세 되던 해 창고에서 '애플'이라는 회사를 시작해서 큰 성공을 거두었습니다.

Pablo Picasso

나는 어린애같이 그릴 수 있게 되는 데에
50년이 걸렸다.

It took me 50 years to
paint like a child.

파블로 피카소

The Daily Book of Positive Quotations

피카소는 세계에서 가장 존경받는 화가이자 가장 성공한 화가입니다. 〈파이프를 든 소년(Garcon a la pipe)〉이라는 그의 그림은 뉴욕 소더비라는 곳에서 무려 1억 416만 달러(약 1,300억 원)에 경매되기도 했답니다.
사람들이 그의 그림은 괴상하고 아이들의 그림처럼 단순하다고 말하기도 합니다. 하지만 그는 그런 그림을 그리기 위해 무려 50년이라는 시간을 노력하기를 멈추지 않았습니다.
생각해 보세요.
50년 동안을 그림에 몰두하고 노력을 멈추지 않는다는 것이 쉬운 일일까요?
그런 노력 덕분에 피카소는 세계 최고의 화가라는 자리에 오를 수 있었습니다.
즉 피카소는 세계 최고의 재능을 가지고 있었던 것이 아니라 세계 최고의 노력을 가지고 있었던 것이지요.
여러분도 세계 최고로 노력하겠다고 마음먹고 실천한다면 못할 일은 없답니다.

피카소는 20세기 미술가 중에서 가장 뛰어난 작가이자 세계에서 가장 높은 가격에 작품이 팔리는 작가이기도 합니다. 대표작으로는 〈아비뇽의 아가씨들〉, 〈게르니카〉, 〈우는 여인〉, 〈꿈〉 같은 작품들이 있습니다.

Epictetos

위대한 것은 갑자기
이루어지지 않는다.

No great thing is created suddenly.

에픽테토스

Brian Tracy

목표를 설정하지 않은 사람들은
목표를 설정한 사람들을 위해 일하도록 운명 지워진다.

If you don't set goals for yourself, you are doomed
to work to achieve the goals of someone else.

브라이언 트레이시

The Daily Book of Positive Quotations

브라이언 트레이시는 미국에서 가장 뛰어난 작가이자 연설가랍니다.
그는 전 세계를 돌아다니며 성공에 대한 강연을 하는 사람입니다.
한 번 강연회를 가질 때 최고로 받는 돈이 무려 8억 원이나 될 정도로 사람들의 존경을 받았답니다.
그는 강연회에서 단 한 가지를 강조한다고 해요.
바로 "목표를 가져라."라는 것이지요.
버락 오바마, 빌 게이츠, 타이거 우즈 등 자신의 분야에서 최고의 성공을 거둔 사람들은 모두 뚜렷한 목표를 가지고 있었습니다.
목표가 없는 사람은 노 없는 배를 타고 있는 것과 같아요.
노가 없으면 바다에 떠 있지만 원하는 곳으로 절대로 갈 수가 없지요.
인생의 항해에서도 목표가 없다면 망망대해를 헤매기만 할 뿐 목적지에 도착할 수 없는 법이랍니다.

브라이언 트레이시는 미국의 유명한 연설가이자 작가입니다. 1년에 10만 명이 넘는 사람들에게 연설과 교육을 할 정도로 인기 강사입니다. 대표작으로는 《혼자 힘으로 백만장자가 된 사람들의 21가지 원칙》, 《한 가지로 승부하라》, 《내 인생을 바꾼 스무 살 여행》 등이 있으며 그의 책들은 31개국 18개 언어로 출간되었습니다.

Dennis McDermott

성실함이 모든 것이다. 성실함이 없다면, 당신이 어디를 가더라도 아무도 당신을 따르지 않을 것이다.

Sincerity is everything. Without sincerity, no matter where you go, no one will follow you.

데니스 맥더멋

The Daily Book of Positive Quotations

유엔 사무처에서 직원을 구한다는 광고를 냈습니다.
좋은 대학을 나온 사람들이 많이 지원했습니다.
그런데 다른 사람과는 다르게 특이한 것을 적어 낸 사람이 한 명 있었습니다.
"저는 다른 사람보다 한 시간 일찍 출근하겠습니다. 그리고 한 시간 늦게 퇴근하겠습니다."
그렇게 적어 낸 사람은 다른 사람보다 좋은 대학을 나오지는 못한 흑인이었습니다.
유엔 사무처에서는 그 흑인을 임시직으로 뽑았습니다.
얼마 있지 않아 그 흑인은 성실하게 일한 덕분에 정식 직원이 되었습니다.
그는 흑인 최초로 제7대 유엔 사무총장이 된 코피 아난이랍니다.
성실함으로 세계 최고의 자리에 우뚝 선 사람은 코피 아난뿐이 아니에요.
남이 편히 쉬고 있을 때 더 일하고, 남이 자고 있을 때 졸린 눈을 비비고 일어나 공부하는 사람.
성공은 그런 성실함을 지닌 사람의 몫입니다.

Norman Vincent Peale

'노(NO)'를 거꾸로 쓰면 전진을 의미하는 '온(ON)'이 된다.
모든 문제에는 반드시 문제를 푸는 열쇠가 있다.
끊임없이 생각하고 찾아내라.

If you write the word 'NO' backwards, it becomes
'ON.' Every question has a key to an answer.
Constantly think and find the answer.

노먼 빈센트 필

The Daily Book of Positive Quotations

나이 50이 넘은 한 박사가 한 권의 책을 썼습니다.
자신의 50년간의 지혜와 깨달음을 넣어서 책을 썼지만 아무 출판사도 그의 책을 출판해 주지 않았습니다. 수많은 출판사에 보냈지만 단 한 곳에서도 연락이 오지 않았습니다. 그 박사는 화가 나서 원고를 쓰레기통에 내버렸습니다.
"여보, 나는 너무나 실망했소. 내가 시간 낭비만 한 것 같소."
아내는 그런 그를 말렸습니다.
"그래도 이 귀한 원고를 쓰레기통에 버릴 수는 없잖아요."
아내의 위로에 그는 다시 한번만 더 도전해 보기로 했습니다.
'그래, 남들이 노(NO)라고 해도 또 시도해 보는 거야.'
쓰레기통에서 꺼낸 그 원고를 다시 출판사에 보냈습니다.
그 출판사에서는 그 책을 출간하기로 했고 '적극적 사고방식'이라는 제목으로 출간되었습니다. 그런데 그 책은 나오자마자 돌풍을 일으켰습니다.
그 책은 쓴 사람은 노먼 빈센트 필이고, 그 책은 42개국의 언어로 번역되어 2,200만 부나 팔리는 엄청난 성과를 거두었습니다.
그는 그 후 전 세계를 돌아다니며 강연을 하는 전설적인 연설가가 되었답니다.
이처럼 노(NO)의 상황에서 전진하는 사람이 있답니다. 이런 사람에게 돌아오는 것은 실패가 아니라 성공이랍니다. 멈추고 쓰러지기 전에 다시 한번 일어서 도전하는 오뚝이 정신. 그 정신이 여러분을 최고로 만들어 줄 거예요.

노먼 빈센트 필 박사는 널리 세계적으로 알려진 강연자이자 작가입니다. 《적극적 사고방식》이라는 책은 전 세계에서 베스트셀러가 되었습니다. 무려 세계 130개 국이나 되는 나라에서 그의 책들이 읽히고 있습니다.

Wayne Douglas Gretzky

시도하라. 만일 그 일을 시도하지도 않는다면 당신은
성공할 수 있는 기회를 100퍼센트 놓치는 셈이다.

Always try. You miss 100% of the chances to
succeed if you don't try.

웨인 더글러스 그레츠키

The Daily Book of Positive Quotations

웨인 그레츠키는 아이스하키 역사를 다시 쓴 위대한 선수입니다.
그런 그는 자신이 많은 골을 넣을 수 있었던 이유를 슈팅을 많이 시도했기 때문이라고 말합니다.
많이 시도했기 때문에 그만큼 골을 넣을 수 있는 기회도 많이 생긴 것이지요.
인생은 아이스하키나 축구, 농구 경기의 슈팅과 같답니다.
시도하지 않으면 결코 골을 넣을 수 없듯이 인생에서는 시도하지 않으면 성공할 기회가 0퍼센트가 되고 마는 법이랍니다.
이 세상에 가장 어리석은 한마디 말이 무엇인지 아세요?
"처음부터 성공하라."라는 말이랍니다.
시도한다고 해서 처음부터 성공할 수는 없는 법이랍니다.
하지만 시도하면 할수록 우리는 성공의 기회가 더욱 많아진답니다.
'시도하지 않으면 아무것도 이룰 수 없다.'
실패를 두려워하지 마세요.
시도하지 않는 것 때문에 기회를 잃어버리는 것을 두려워하세요.

많은 사람들이 역사상 최고의 하키 선수로 기억하는 웨인 그레츠키는 내셔널 하키 리그(NHL) 정규 리그 최다 득점(894골), 최다 어시스트(1,963개)를 포함해 NHL 기록을 60개 이상 보유하고 있는 최고의 선수였습니다.

Mother Teresa

신은 우리가 성공할 것을
요구하지 않는다.
우리가 노력할 것을 요구할 뿐이다.

God doesn't require us to succeed;
he only requires that you try.

마더 테레사

Pierre Coubertin

올림픽에서 가장 중요한 것은 승리가 아니라
참가하는 것이다.
인생에서 가장 중요한 것은
정복하는 것이 아니라 멋지게 싸우는 것이다.

The most important thing in the Olympic Games is
not winning but taking part; the essential thing in
life is not conquering but fighting well.

피에르 쿠베르탱

The Daily Book of Positive Quotations

1등이 모두 최고는 아니랍니다.
인생에서 가장 중요한 것은 참가하고 그것에 최선을 다하는 일이랍니다.
무슨 일에 임하든 '나는 1등을 할 것이다.'라는 다짐을 가지기 전에 먼저 다짐해야 할 것이 있답니다.
'나는 이것에 내 모든 것을 바쳐 최선을 다할 것이다.'
이 다짐입니다.
시험이든, 공부든, 운동이든 한 판 멋지게 도전하여 최선을 다하는 것.
그런 각오로 임하면 어떤 결과든 받아들일 수 있답니다.
설령 그것이 실패로 돌아가더라도 후회가 없는 법입니다.
그 실패는 결코 실패로 끝나는 것이 아니기 때문이지요.
자신의 인생의 디딤돌이 되어 주는 실패가 되는 것입니다.

쿠베르탱은 프랑스인으로 근대 올림픽을 처음으로 만든 사람이랍니다. 국제 올림픽 위원회(IOC)를 만들어 현대 스포츠와 올림픽 발전에 평생을 바쳤습니다.

Andrew Carnegie

성공에는 어떤 트릭도 없다.
나는 내게 주어진 일에 최선을 다했을 뿐이다.

There is no trick to success. I just did my best and became the master of my work.

앤드루 카네기

The Daily Book of Positive Quotations

엔리코 카루소는 세계적인 테너 가수로 유명합니다.

그는 가난한 사람을 돕는 자선 음악회에 무료로 출연하기로 약속했습니다.

유명한 음악인을 무료로 초대한 회사에서는 몹시 미안해했습니다.

"이렇게 유명한 분이 아무런 대가 없이 출연해 주신다니 정말 고맙습니다. 선생님의 얼굴을 보기 위해서이니 편안하게 노래하십시오. 너무 무리하지 마시고 대충 하셔도 됩니다."

카루소는 진지한 얼굴로 말했습니다.

"저는 어떠한 경우에도 최선 이하로 노래를 부른 적이 없습니다."

누구든 실패는 할 수 있습니다.

하지만 최악은 실패가 아니라 최선을 다하지 못한 것입니다.

선수가 경기에서 최선을 다하지 못한 것보다 더 슬픈 일이 있을까요?

세상 모든 사람들이 최고가 될 수는 없습니다.

하지만 누구든 최선을 다할 수는 있습니다.

어떤 일이든 최선만 다한다면 승리의 주인공은 바로 내가 될 수 있습니다.

앤드루 카네기는 미국의 사업가입니다. '카네기 철강 회사'를 세운 그는 철강왕으로 유명하며 미국 최고의 부자였습니다. 자신이 번 돈 중 3억 달러가 넘는 많은 돈을 사회에 기부하여 교육 사업과 문화 사업을 펼쳤습니다.

Joshua Reynolds

만약에 당신이 위대한 능력을 가지고 있다면,
부지런함이 그 능력을 더욱 향상시켜 줄 것이다.
만약에 당신이 보통의 능력밖에 없다면,
부지런함이 그 부족을 충당해 줄 것이다.

If you have great talents, diligence will improve them: if you have but moderate abilities, diligence will make up for their shortage.

조슈아 레이놀즈

정주영은 전 현대 그룹의 회장이었습니다.

가난한 농사꾼의 아들로 태어나 맨손으로 큰 기업을 일구어 낸 신화적인 인물이랍니다.

부지런함이라면 둘째 가라면 서러울 일꾼이었지요.

그가 살던 서울 청운동의 집 마루에는 이런 글자가 적힌 액자가 걸려 있었답니다.

〈일근천하무난사(一勤天下無難事)〉.

부지런하면 천하에 어려울 일이 없다는 뜻이랍니다.

행운은 눈이 멀지 않았답니다.

앉아만 있는 사람, 게으른 사람에게 행운은 절대 찾아가지 않는답니다.

시력이 뛰어난 행운은 반드시 부지런하고 성실한 사람을 찾아간답니다.

성공한 사업가, 예술가, 박사 등 청년 시절부터 성공한 채로 출발한 사람은 아무도 없습니다.

그렇게 되기 위해 그 사람들은 한 걸음, 한 걸음 부지런히 걸어왔습니다.

세상에 벼락 성공은 없습니다.

어느 분야에서라도 그들에게는 한 가지 공통점이 있습니다.

모두가 자신의 길을 쉬지 않고 부지런히 걸어왔다는 점입니다.

부지런히 걷는 사람, 부지런히 일하는 사람, 부지런히 공부하는 사람.

성공은 그런 사람을 친구로 삼는 습관을 가지고 있답니다.

Tommy Lasorda

가능과 불가능의 경계선은 그 일을 하고자 하는 사람의
결심에 달려 있다. 얼마나 많이 그 일을 원하는가,
어느 정도의 대가를 기꺼이 치르겠는가에 달려 있는 것이다.

The difference between the possible and
the impossible lies in a person's decision.
It all depends on how much you want to do it and
what price you are willing to pay for it.

토미 라소다

The Daily Book of Positive Quotations

미국에 딕 리버스라는 농구 감독이 있습니다.
유명한 감독인 그는 1999년 올랜도 매직이라는 팀의 감독으로 가게 되었습니다.
감독으로 확정되자 그는 모든 선수들에게 한 통의 편지를 보냈습니다.
그 편지에는 선수들에게 묻는 이 질문이 실려 있었습니다.
"모든 것을 바칠 준비가 되어 있는가?"
대가 없는 성공은 없습니다.
땀과 눈물 없이 이룰 수 있는 승리는 없습니다.
공짜가 없는 것.
세일도 없는 것.
그것이 성공 법칙입니다.
막연히 무언가 되기만 원한다고 해서 이루어지는 것은 아무것도 없답니다.
하루하루 땀 흘리고, 노력한 후에 이렇게 생각하세요.
'아, 나는 성공에 한 발 더 가깝게 다가가고 있구나!'
그런 기쁨들이 모여 성공이라는 높은 탑이 완성된답니다.
여러분도 오늘 거울 앞에 서서 스스로에게 한번 물어보세요.
'나는 내가 꿈꾸고 있는 것을 이루기 위해 어떤 준비를 하고 있는가?' 하고.

토미 라소다는 미국 프로야구 LA 다저스에서 감독 생활을 가장 오래한 사람입니다. 박찬호 선수를 발탁하고 그를 키웠던 감독이며 2000년 시드니 올림픽에서는 미국 올림픽 야구 대표 팀의 감독을 맡기도 했습니다.

Pamabo Nurmi

최고가 되려고 한다면 첫째도 연습, 둘째도 연습이다.
연습 없이도 이기리라 생각하는 순간
당신은 이미 지기 시작한 것이다.

To be the best, practice and practice. As soon as
you think you can win without practicing,
you begin losing.

파마보 너미

The Daily Book of Positive Quotations

파블로 카잘스라는 유명한 첼로리스트가 있답니다.

그는 다른 사람들이 도무지 연주할 수 없는 실력을 뽐내는 사람이었습니다.

95살이 되었을 때 한 기자가 물었어요.

"선생님은 음악 역사상 가장 위대한 첼로리스트이십니다. 그런데도 지금도 하루에 여섯 시간씩 연습하시는 이유가 무엇입니까?"

"연습하면 할수록 아직도 제가 발전하고 있다는 것을 느낄 수 있기 때문입니다."

최고가 되기 위해서는 최고의 시간과 노력을 투자해야 합니다.

인생은 버스와 같답니다.

버스는 그냥 공짜로는 탈 수가 없지요.

인생이라는 버스를 탈 때는 노력이라는 차비를 내어야 한답니다.

노력이라는 차비를 많이 낼수록 인생이라는 버스의 속도는 더 빨라진답니다.

목적지에도 더 빨리 도착하게 되는 법이지요.

자, 이제 노력이라는 차비를 충분히 낼 준비가 되었죠?

Dale Carnegie

자신이 특별한 인재라는 자신감만큼
그 사람에게 유익하고 유일한 것은 없다.

Nothing can be more useful or unique than having confidence in yourself. You are very special and talented.

데일 카네기

The Daily Book of Positive Quotations

한국에 살다가 23세 때 미국으로 건너가 TYK 그룹을 세운 김태연 회장.
그녀는 인종 차별이 심한 미국에서 아무것도 가진 것 없이 태권도장을 시작하여 지금은 수많은 회사를 거느린 대기업의 회장이 되었답니다.
그녀는 어려운 시간을 겪을 때마다 스스로에게 이런 이야기를 들려주었다고 해요.
"He can do, she can do, why not me(그도 할 수 있고, 그녀도 할 수 있는데 왜 나라고 못하겠습니까)?"
사람을 빛나게 보이게 하는 것이 무엇인지 아세요?
바로 자신감이랍니다.
당당하게 미소 짓고, 걸을 때 어깨를 쫙 펴고 걸으세요.
누가 무언가를 할 수 있냐고 물으면 우물쭈물하지 말고 큰 목소리로 "Yes, I can!"이라고 외치세요.
여러분을 머리에서 발끝까지 빛나게 해 주는 것.
그 자신감을 자신의 액세서리로 가지고 다니는 여러분이 되세요.

Peter Drucker

스스로 인생 계획을 짜지 않으면
다른 사람이 우리 인생을 지배할 것이다.

Others will have control over your life if you don't
make plans for yourself.

●

피터 드러커

The Daily Book of Positive Quotations

일본의 최고 부자가 누군지 아세요?

소프트뱅크의 회장인 한국인 3세, 손정의랍니다.

손정의는 미래에는 인터넷 세상이 올 것이라고 예감하고 19살 때 인생의 계획을 세웠다고 합니다.

돈도 없고, 이루어 놓은 것 하나 없었지만 그는 자신의 계획을 분명히 세웠고 그것을 사람들에게 말했습니다.

"20대에 내가 몸담고 있는 분야에 내 존재를 알리겠다. 30대에는 충분한 자금을 마련해 큰 사업을 벌일 것이다. 사업 자금의 규모는 1억 달러 이상이 될 것이다. 40대에는 중요한 분야를 선정해 그 분야의 최고가 되도록 집중할 것이다. 우리 그룹에 10억 달러 이상을 투자하고, 1,000여 개 이상의 회사를 가질 것이다."

그는 그 계획을 모두 이루어 냈습니다.

방학이 되면 방학 계획표를 세우곤 하지요.

계획표는 왜 세울까요?

계획표를 세우면 자신의 생활이 더욱 규칙적으로 움직이게 되기 때문이랍니다.

모든 일에 계획을 세우면 자신이 원하는 목표가 성공적으로 이루어지기 때문이에요.

방학 계획서뿐 아니라 인생의 계획표도 꼼꼼하게 세우고 실천하는 내가 되세요.

피터 드러커는 미국의 학자 겸 작가입니다. 대학 교수인 그는 '경영학의 아버지'로 불리는 경영학의 일인자입니다. 세계의 기업가와 대통령 들이 경영에 대한 조언을 듣기 위해 그를 찾았습니다.

Thomas Edison

나는 그 누구보다도 실수를 많이 한다.
그리고 그 실수들 대부분에서 특허를 받아 낸다.

I make more mistakes than anybody and get a patent from those mistakes.

토머스 에디슨

The Daily Book of Positive Quotations

누구보다도 많은 발명을 해서 세상을 바꾼 에디슨.
그는 자신의 발명의 대부분이 실수에서 나왔다고 했답니다.
에디슨은 전구를 만들기 위해 수천 번이 넘는 실험을 했지만 계속 실수를 했습니다.
실수, 실수, 또 실수.
그렇게 실수를 반복하면서 에디슨은 많은 것을 배워 나갔습니다.
그 실수 덕분에 에디슨은 결국 전구를 발명해 낼 수 있었어요.
실수는 '나는 못난 놈이다.'라는 뜻이 아니랍니다.
실수는 '이번 한 번만 더 해보면 성공할 수 있다.'라는 알림 메시지랍니다.
한 번도 실수를 안 해본 사람은 큰 배움을 가져 보지 못하는 사람이랍니다.
실수 때문에 자신이 부족한 사람이라고 생각해서는 안 되지요.
'이 실수를 통해 나는 많은 것을 배웠어.'라고 생각하고 다시는 그런 실수를 저지르지 않고 새로운 방법을 시도해 보는 사람.
그 사람에게 성공은 미소를 보낸답니다.

Albert Einstein

나는 똑똑한 것이 아니라
단지 문제를 더 오래 연구할 뿐이다.

It's not that I'm so smart,
it's just that I stay with problems longer.

알버트 아인슈타인

Adams Miller

진짜 성공은 겸손한 사람에게 눈에 보이지 않게
조용히 그리고 천천히 찾아온다.
자는 동안 밤새 내린 함박눈처럼.

A modest person can't see real success
because it comes quietly and slowly
like large flakes of snow at night.

애덤스 밀러

The Daily Book of Positive Quotations

박영석은 우리나라 최고의 산악인 중 한 명입니다.
세계의 3극점과 8,000미터 이상의 산 열네 곳, 일곱 대륙의 최고봉을 모두 오른 박영석은 인간 최고의 기록을 가지고 있는 훌륭한 산악인이랍니다.
그가 어떻게 그렇게 높은 산을 오를 수 있었느냐는 질문에 이렇게 대답했답니다.
"1미터도 못 되는 걸음으로 아침부터 걸었더니 산을 세 개나 넘었어요."
세상은 하루아침에 변하지 않는답니다.
작은 변화가 쌓이고 쌓여 큰 변화가 생겨 나는 법입니다.
위대한 인물은 모든 조건을 완벽하게 가지고 태어난 사람이 아니랍니다.
별다른 능력을 가지지 못했지만 꾸준히, 성실하게 일한 덕분에 그들은 조금씩, 아주 조금씩 다른 사람들보다 나아진 것입니다.
그 조금의 차이가 반복되면서 그것은 아주 커다란 차이로 변하고, 그것이 그들을 위대한 사람으로 만든 것이랍니다.
조그만 노력을 하고 난 후 당장 결과가 나오지 않는다고 실망하거나 절망할 필요는 없답니다.

Muhammad Ali

챔피언은 결코 체육관에서 만들어지는 것이 아니다.
챔피언은 자신의 가슴속에 들어 있는
꿈, 소망, 이상에 의하여 만들어진다.

Gyms don't make champions.
Champions are made from their own
dreams, hopes, desires, and goals.

무하마드 알리

The Daily Book of Positive Quotations

비틀즈는 세계 최고의 그룹입니다.

사람들은 비틀즈를 신화라고 부르고 있습니다.

가장 많은 음반을 팔았고, 전 세계에 가장 많은 팬을 가지고 있는 비틀즈.

그 비틀즈를 이끌던 리더는 존 레논이었습니다.

그는 아주 어렸을 때부터 이런 꿈을 가지고 있었다고 합니다.

"나는 엘비스 프레슬리보다 더 위대한 가수가 될 거야."

세계 최고의 인기 가수 엘비스 프레슬리를 뛰어넘는 꿈을 꾸고 있었던 것이지요.

그리고 꿈의 노트를 한 권 만들었다고 합니다.

그 안에 악보와 가사를 적고, 최고의 음악가가 될 거라는 꿈을 가득 채웠답니다.

어린 시절부터 간절하게 꾼 꿈.

그것이 비틀즈를 세계 최고의 그룹으로 만들어 준 것입니다.

분명한 꿈은 분명한 성공을 만들어 줍니다.

가슴속에 손을 가만히 얹고 생각해 보세요.

내가 진정으로 원하는 것은 무엇이고, 간절히 꿈꾸는 것은 무엇인지.

간절하게 꿈꾸고 간절하게 원하면 그것은 상상이 아니라 현실로 이루어진답니다.

무하마드 알리는 가장 위대한 권투 선수 중 한 명입니다. 1960년 로마 올림픽에서 금메달을 땄고 세 번이나 세계 타이틀을 획득한 선수입니다. 1964년 2월 25일 소니 리스턴이라는 선수와의 대결에서 "나비처럼 날아서 벌처럼 쏘겠다."는 유명한 말을 남겼습니다.

Duke Ellington

인생에는 단 두 가지 규칙만이 존재한다.
첫째, 절대로 포기하지 말 것.
둘째, 첫 번째 그 규칙을 절대 잊지 말 것.

There are only two rules in life.
First, never give up.
Second, never forget the first rule.

듀크 엘링턴

The Daily Book of Positive Quotations

영국의 존경받는 정치인 처칠 아시죠?
처칠이 인생에서 가장 중요하게 여겼던 포기에 얽힌 이야기를 하나 해 줄게요.
처칠이 영국의 최고 명문 옥스퍼드 대학의 졸업식에 참가했어요.
대학 졸업을 앞둔 젊은이들은 처칠이 인생에 가장 중요한 어떤 말을 할지 귀를 쫑긋 세우고 있었어요.
처칠은 그 젊은이들에게 이렇게 말했어요.
"제가 수상이 될 수 있었던 것은 이 말을 지켰기 때문입니다. 그건 바로……."
사람들의 눈과 귀가 전부 처칠에게 모아졌어요.
"Don't Give up(포기하지 마라)."
대학생들과 사람들은 깜짝 놀랐어요.
"Never Give up(결코 포기하지 마라)."
처칠은 자신의 인생에서 가장 중요한 지혜를 사람들에게 알려준 거예요.
포기란 어떤 것일까요?
포기란 자신이 할 수 있는 일임에도 불구하고 하지 못한다고 믿는 거예요.
포기란 이길 수 있는데 진다고 믿고 그만두는 거예요.
포기란 내 인생이 아무렇게나 되어도 된다는 항복 선언이에요.
포기하지만 않는다면 여러분은 인생 승리의 주인공이 될 수 있어요.

Abebe Bikila

나는 남과 경쟁하여 이기는 것보다
자신의 고통을 이겨내는 것을 언제나 생각한다.
고통과 괴로움에 지지 않고 끝까지 달렸을 때
그것은 승리로 연결되었다.

I always think about overcoming my own pain
rather than winning over a competitor.
Never be defeated by pain and suffering.
You will eventually taste the victory.

아베베 비킬라

The Daily Book of Positive Quotations

1960년 로마 올림픽 마라톤 대회에 한 흑인 선수가 서 있었습니다.
그의 이름은 아베베 비킬라.
지치지 않는 체력으로 조국 에디오피아에 금메달을 안긴 그는 기자들이 어떻게 우승할 수 있었느냐는 질문에 이렇게 대답했답니다.
그는 1960년 로마 올림픽에서 신기록을 수립하고, 1964년 도쿄 올림픽에서까지 우승했습니다.
그런데 불행하게도 아베베는 1969년 빗길 교통 사고로 걸을 수 없었습니다.
하지만 그는 운동을 포기하지 않았습니다.
그는 1970년에 열린 장애인 올림픽 '스토크 맨더빌 게임스'에 양궁과 탁구 선수로 참가하여 금메달을 목에 걸어 세상 사람들을 놀라게 했습니다. 그 외에도 여러 장애인 대회에 참가해 금메달을 따낸 그에게 기자들이 다시 어떻게 장애인의 몸으로 금메달을 딸 수 있었느냐고 물었답니다.
"쓰지 못하는 두 다리보다 아직도 남은 두 팔을 가지고 달렸습니다."
아베베는 자기 자신과의 싸움에서 지지 않았기 때문에 금메달이라는 영광을 누릴 수 있었습니다.
올림픽에만 금메달이 있는 것이 아니라 인생에도 금메달이 있습니다. 인생의 금메달이란 자기 자신과 싸워서 자신을 이겨 내는 것입니다.

아베베 비킬라는 1960년 로마 올림픽과 1964년 도쿄 올림픽 마라톤 부문에서 우승해 올림픽 역사상 처음으로 마라톤 2연패를 이룩한 선수입니다. 그는 로마 올림픽에서 맨발로 달려 우승해 '맨발의 왕자'라 불렸습니다.

The Daily Book of Positive Quotations

천재는 노력하는 사람을 이길 수 없다
A genius can't beat those who try

Allen Appel

성공하는 사람에게 일주일은 7일간의 오늘이다.
하지만 실패하는 사람에게는 일주일은 7일간의 내일이다.

A week for a successful person is seven days of today, but a week for a failure is seven days of tomorrow.

앨런 애펄

The Daily Book of Positive Quotations

삶에 있어서 가장 중요한 시간은 언제일까요?

삶에 있어서 가장 아름다운 시간은 언제일까요?

그것은 바로 오늘이랍니다.

'내일'이라는 놈은 정말로 노련한 사기꾼이랍니다.

'오늘 안 해도 아무런 문제가 없는걸!' 하고 속이지요.

하지만 그 사기꾼은 단 한 번도 문제를 해결해 주는 적이 없답니다.

반면 '오늘'은 정말 정직한 친구랍니다.

'오늘'은 내가 행동한 만큼 정직하게 보상을 주는 친구이기 때문이지요.

성공하는 사람의 달력에는 모든 날짜가 언제나 일을 하는 검정색으로 되어 있대요.

실패하는 사람의 달력에는 모든 날짜가 언제나 노는 빨간색으로 되어 있대요.

지금 여러분의 마음의 달력은 어떤 색으로 칠해져 있나요?

'오늘'이라는 친구를 나의 베스트 프렌드로 만드는 것.

그것이 미래에 성공한 사람이 되는 방법이라는 사실을 잊지 마세요.

Walter Scott

영어 알파벳 중에서 가장 위대한 세 철자는
엔(N) 오(O) 더블유(W), 곧 지금 (NOW)이다.

The three greatest English alphabets are
N, O, W, which means now.

월터 스콧

The Daily Book of Positive Quotations

사람에게는 가장 중요한 시간이 있답니다.
그것은 아주 먼 미래도 아니고, 이미 흘려 보낸 과거도 아니랍니다.
인간에게 가장 중요한 시간은 바로 지금, 'NOW'라는 시간이랍니다.
"언젠가는 할 거야." "언젠가는 달라질 거야."라고 이야기하지 마세요.
해야 할 일은 지금 당장 하세요.
하고 싶은 일은 지금 당장 하세요.
지금이라는 시간을 소중히 여기는 사람.
그 사람에게 성공은 관심을 가지고 찾아온답니다.
주춤주춤 망설이는 마음이 들 때, 대충대충 미루고 싶은 마음이 들 때면 스스로 이런 마음의 노래를 불러 보세요.
"계획해. 지금 당장. 결정해. 지금 당장. 시작해. 지금 당장. 모든 것을 지금 당장. 인생의 다이아몬드. 그것은 바로 지금이야."
그리고 휘파람 부르면서 지금이라는 황금의 시간에 열중하는 여러분이 되세요.

Charlie Jones

지금의 당신과 5년 후 당신에게 차이를 만들어 주는 것은
그 기간 동안 당신이 만나는 사람들과
당신이 읽은 책들이다.

The people you meet and the books you read
will make you a different person in 5 years.

찰리 존스

The Daily Book of Positive Quotations

여러분과 같은 초등학생들을 가르치다 보면 느끼는 점이 많습니다.

초등학교 1, 2학년 때 공부를 별로 잘하지도 못했고, 똑똑하지도 않게 느껴지는 친구들이 있죠.

그 친구들 중에서 유난히 책을 좋아해서 독서를 많이 하는 친구들을 본답니다.

그런데 4, 5년이 지난 5학년, 6학년 때 다시 담임이 되어 그 친구들을 만나보면 놀랄 때가 있어요.

공부 실력이 엄청나게 좋아져 있다는 점이에요.

'와, 독서가 이렇게 엄청난 힘을 가지고 있구나.'

평소에 독서를 강조하는 선생님도 깜짝 놀라죠.

친구도 마찬가지이지요.

어떤 친구를 만나서 같은 생각을 나누고, 같이 행동하느냐에 따라 사람의 인생은 바뀌는 법이랍니다.

꾸준한 독서와 좋은 친구.

그것은 여러분의 인생을 바꾸어 주는 최고의 도우미입니다.

Isaac Newton

스케이트를 잘 타는 사람에게 그 비결을 묻는다면
그는 이렇게 말할 것이다.
"넘어지면 일어나세요."
이것이 바로 성공의 비결이다.

If you ask someone who skates well what the
secret of skating is, the answer would be
"If you fall down, get up."
This is the key to success.

아이작 뉴턴

The Daily Book of Positive Quotations

"훈련하고 있는 아이들을 보고 있으면 어느 아이가 우승할지를 알 수 있다. 타고난 재능이 뛰어난 아이나 가장 덜 넘어지는 아이들이 꼭 우승하는 것은 아니다. 때때로 가장 많이 넘어져도 계속 일어나는 아이들이 장차 우승자가 된다."
우리나라의 스케이트 영웅 김연아만큼 스케이트를 잘 탔던 미셸 콴이 했던 말이랍니다.
자전거를 가장 빨리 배우는 법은 무엇일까요?
그것은 많이 넘어져 보는 것입니다.
많이 넘어져 본 사람은 넘어지지 않게 타는 법을 배우고, 그 방법을 배우고 난 후부터는 더 잘 탑니다.
한 번의 실패, 두 번의 실패.
실패가 자꾸 되풀이된다고 해서 절망할 필요는 없답니다.
실패가 자꾸 되풀이될수록 나는 더 많은 교훈을 얻고 다시 그런 실패를 되풀이하지 않는 법을 배우기 때문이지요.
성공이란 별것 아니랍니다.
성공은 실패의 횟수보다 일어선 횟수가 단 한 번 많은 것에 불과합니다.
실패한 후에 포기하지만 않으면 여러분은 누구나 승리자가 될 수가 있습니다.
'다시 일어서기의 달인'이 되세요.

Mickey Rooney

성공하기까지는
항상 실패를 거친다.

You always pass failure
on the way to success.

미키 루니

E. Macaulay

당신이 연습하고 있지 않을 때도, 누군가는 어디에서
연습하고 있을 것이다. 그리고 명심하라.
그가 언젠가는 당신을 이길 수도 있다는 사실을.

Keep in mind that even at the time
you don't practice, somebody is practicing hard.
Someday that person might actually beat you.

E. 매콜리

The Daily Book of Positive Quotations

한 대학생이 있었습니다.

공부를 잘하는 편이었지만 수학 시간이면 한 학생에게 주눅들기 일쑤였습니다.

'도대체 저 친구는 얼마나 머리가 좋은 거야?'

그는 열심히 노력했지만 수학 박사 같았던 그 친구를 따라잡을 수 없었습니다.

기숙사에서 생활하던 그는 어느 날 우연히 수학 박사의 방을 보게 되었습니다.

자신의 방에 불이 꺼지는 것보다 10분 늦게 불이 꺼지는 것이었습니다.

'그래, 저 친구는 나보다 10분 더 수학 문제를 풀기 위해 공부하고 있었구나.'

그는 그날부터 수학 박사보다 10분 더 늦게까지 공부하기 시작했습니다.

결국 6개월 뒤 그는 수학 박사를 뛰어넘는 수학 성적을 거둘 수 있었습니다.

연습, 노력의 힘을 알게 된 그.

그는 미국의 제20대 대통령이었던 제임스 가필드입니다.

연습, 연습, 또 연습.

그것을 따라잡을 수 있는 성공 비결은 어디에도 없답니다.

Nakamura Mitsuru

인생은 곱셈이다.
아무리 기회가 와도 네가 제로라면 아무것도 아니다.

Life is like the multiplication.
Even if you get the opportunity, no good that
will do if you are zero.

나카무라 미츠루

The Daily Book of Positive Quotations

곱셈 공부를 한번 해볼까요?

2,357×0은 얼마일까요?

2,357×0 = 0이지요.

곱셈은 숫자 하나라도 0이라면 답은 0이 됩니다.

111×1은 얼마일까요? 111×1 = 111이 되지요.

즉 0이 아니라면 작은 수라도 생겨납니다.

성공은 이 곱셈과 같답니다.

앞의 숫자는 기회이고, 뒤의 숫자가 나의 노력이랍니다.

기회×나의 노력=성공

기회가 아무리 많이 찾아와도 나의 노력이 0이라면 아무것도 이룰 수가 없지요.

누구나 성공하기를 꿈꿉니다.

누구나 자신의 인생이 소중하지만 성공은 모든 사람에게 찾아가지 않습니다.

성공은 아주 입맛이 까다로운 친구이지요.

성공은 사람을 살펴보고 자신을 받아들일 준비가 된 사람에게만 찾아갑니다.

성공이 찾아올 때를 대비해 노력을 통해 늘 준비하는 여러분이 되세요.

Sakato Kenji

기록하고 잊어라.
잊을 수 있는 기쁨을 만끽하면서
항상 머리를 창의적으로 쓰는 사람이 성공한다.
그 비결은 바로 메모 습관에 있다.

Record and forget.
A creative person who can be forgetful
will be successful.
The success comes from the habit of taking notes.

사카토 겐지

공부를 잘하는 친구와 그렇지 못한 친구의 차이점은 무엇일까요?
궁금하다면 내일 공부를 잘하는 친구의 노트를 한번 살펴보세요. 한눈에 보기에도 잘 정리된 노트라는 사실을 알게 될 거예요.
공부를 잘하는 사람, 똑똑한 사람들의 공통점은 메모하는 습관입니다.
에디슨은 발명 노트를 가지고 좋은 아이디어가 떠오를 때마다 모두 메모해 두는 습관을 가지고 있었어요.
우리나라 축구를 월드컵 4강에 오르게 한 히딩크는 녹음기를 가지고 다니며 중요한 것을 녹음했어요.
링컨은 모자 속에 항상 메모지를 넣고 다녔을 정도였어요.
그렇다면 왜 메모가 필요할까요?
사람의 기억에는 한계가 있답니다.
연구에 의하면 사람들은 들은 것 중의 70퍼센트 이상을 하루가 지나면 잊어버리고, 90퍼센트를 일주일 안에 잊어버린다고 합니다.
하지만 메모를 해두면 평생 잊어버릴 걱정이 없지요.
메모하는 습관은 작은 노력으로 큰 것을 얻게 만들어 주는 특급 도우미랍니다.
항상 메모지와 필기구를 자신의 몸에 지니고 다니는 습관을 들여 보세요.
좋은 아이디어가 떠오를 때, 다른 사람들의 좋은 이야기를 들었을 때, 책에서 좋은 글을 읽었을 때 얼른 메모지와 필기구를 꺼내 메모하세요.
메모왕이 되면 어느새 공부왕으로 변해 있는 자신을 발견할 테니까요.

Caroline Adams Miller

무엇이든 이룰 수 있게 해 주는
요술방망이가 당신에게는 있다.
그것은 바로 '땀'과 '노력'이다.

You have a magic wand named
'sweat' and 'effort'
which can give you anything you want.

캐럴린 애덤스 밀러

The Daily Book of Positive Quotations

공부를 잘하는 친구들, 운동을 잘하는 친구들을 보면 부러울 때가 있죠?

그때마다 이렇게 생각하는 친구들이 있지요.

'나는 안 될 거야.'

정말 자신은 공부해도 안 되고, 운동해도 안 되는 아이일까요?

아니에요.

그 사람은 자신의 안에 숨겨진 요술 방망이를 꺼내지 않은 사람일 뿐이에요.

누구나 무엇이든 이룰 수 있게 만들어 주는 요술 방망이를 가지고 있어요.

그것은 바로 '땀'과 '노력'이라는 요술 방망이에요.

그 요술 방망이를 꾸준히 꺼내어 사용한다면 여러분도 무엇이든 이룰 수 있답니다.

"공부 잘해라 뚝딱!" "운동 잘해라 뚝딱!"

주문을 외치며 '땀'과 '노력'을 마음껏 사용하세요.

Henry Wadsworth Longfellow

끈기는 성공의 위대한 비결이다.
만일 끝까지 큰 소리로 문을 두드린다면,
당신은 분명 어떤 사람을 깨우게 될 것이다.

Patience is a great element of success.
If you only knock long enough and loud enough,
you are sure to wake somebody up.

헨리 워즈워스 롱펠로

The Daily Book of Positive Quotations

개구리 세 마리가 크림통에 빠졌습니다.

"이제 어떻게 하지?"

개구리 세 마리는 절망에 빠졌습니다.

"어휴, 별 수 있어? 이게 우리 운명인 걸. 잘 있어라, 슬픈 세상아."

첫 번째 개구리는 울기만 하다가 빠져 죽었습니다.

"그래도 한번 살아갈 방법을 찾아봐야지."

두 번째 개구리는 네 발을 허우적거리며 헤엄쳤습니다.

하지만 조금 있다 포기해 버렸습니다.

"아이, 힘들어. 해도 안 되는걸."

두 번째 개구리도 죽었습니다.

그런데 세 번째 개구리는 달랐습니다.

"계속 해보는 거야. 그러다 보면 좋은 방법이 나올 거야."

쉬지 않고 네 발을 부지런히 움직였습니다.

몇 시간을 그렇게 움직이다 보니 놀라운 일이 벌어졌습니다.

계속해서 움직이자 크림이 점점 굳어져 버터가 되어 세 번째 개구리는 살아 나올 수 있게 된 것입니다.

세 번째 개구리는 다른 개구리가 가지고 있지 않던 끈기를 가지고 있었던 것입니다.

끈기는 인생의 보석이랍니다.

재능보다 훨씬 강력한 힘을 가진 것이 바로 끈기입니다.

롱펠로는 미국의 시인입니다. 〈에반젤린〉 등의 시로 유명하며 유럽 등의 여러 나라 민요를 솜씨 있게 번역해서 미국 사람들에게 널리 알린 시인입니다.

Robert Burns

나는 어렸을 때부터 보통 사람과 위대한 사람들의 차이는
'조금 더'라는 세 글자로 설명할 수 있다고 믿어 왔다.
정상에 있는 사람은 많은 일을 훌륭히 했고
그리고 조금 더 한 사람들이다.

Since I was young, I have believed
I could explain the difference between ordinary
men and great men using the three words
'a little more.' The great men did many great things
and a little more.

로버트 번스

The Daily Book of Positive Quotations

인생은 대단한 것이나 큰 차이가 나는 것이 아닙니다.
이런 시가 있습니다.

조금만
아주 조금만
아주 아주 조금만
아주 아주 아주 조금만
더 힘내세요
더 참으세요
더 견디세요

'조금만 더(a little bit more).'
그들이 위대한 사람으로 껑충 튀어오를 수 있었던 것은 이 때문입니다.
다른 사람들이 잠잘 때 조금 더 하고, 다른 사람이 놀고 있을 때 조금 더 노력했기에 성공할 수 있었던 것이지요.
사람들은 큰 바위에 걸려 넘어지지 않는답니다.
작은 돌멩이에 걸려 넘어지지요.
성공도 실패도 아주 작은 차이로 이루어지는 법이랍니다.
'작은 차이가 큰 성공을 만든다.'라는 생각으로 조금만 더 노력하고, 조금만 더 최선을 다하는 자신이 되세요.

Karen Kathy

우리는 결코 우리 인생의 마지막 순간에
어떠한 결과가 올지 예상할 수 없습니다.
하지만 인생 안에서 한 가지 확실한 것은
오직 우리의 노력뿐입니다.
그리고 한 가지 분명한 사실은
가장 최선을 다한 노력이 자신의 인생에서
가장 최선의 결과를 가져온다는 사실입니다.

We cannot know what will happen in the
last minute of life. The most important thing in
life is how much effort we put in.
And one obvious fact is that the
best effort brings the best result to your life.

카렌 케이시

The Daily Book of Positive Quotations

존 우든이라는 전설적인 농구 코치가 있습니다.
155센티미터의 작은 키로 UCLA 팀을 미국 대학 농구 선수권 대회(NCAA)에서 12년간 열 번이나 우승시킨 뛰어난 코치입니다.
그는 늘 선수에게 이런 말을 했습니다.
"오늘 하루를 내 생애의 최고의 날이 되게 하라."
그는 자신에게 주어진 하루하루에 최선을 다하는 사람만이 인생에서 최고의 결과를 가지고 올 수 있다고 한 것입니다.
그의 선수들은 모두가 이런 마음으로 잠자리에 들었다고 합니다.
'오늘 나는 최선을 다했어!'
인생에 있어서 보장된 것은 아무것도 없답니다.
이미 우리의 앞날이 정해져 있다면 우리가 하루하루 최선을 다하며 살아가야 할 이유도 없을 거예요.
하지만 우리의 인생은 하루하루를 어떻게 보내느냐에 따라 달라지는 영화랍니다.
인생에서 한 가지 확실한 것이 있다면 그것은 최선을 다하면 할수록 더욱 좋은 결과가 나온다는 점입니다.
내 하루를 최고로 만드는 일.
그것이 내 인생을 최고로 만드는 일입니다.

Thomas Carlyle

인생의 승자는 출발할 때부터 목표를 가지고 있다.
자신이 어떤 인간이 되고 싶은지, 최후까지
지켜야 할 것은 무엇인지, 그리고
자신이 세상을 떠난 후에 어떤 전설을 남길 것인가를
승자가 될 사람은 잘 알고 있다.

The winner has his goals from the beginning.
He knows what kind of person he wants to
become, what he has to protect till the end, and
what kind of legend he will leave after death.

토머스 칼라일

The Daily Book of Positive Quotations

어디로 가는지 무척 빠른 걸음으로 걸어가는 사람이 있었습니다.
한 노인이 그를 보고 물었습니다.
"젊은이, 어디를 향해 그렇게 바쁘게 가는가?"
"네, 서울로 가는 길입니다."
"자네는 잘못된 방향으로 가고 있네. 서울로 가려면 북쪽으로 가야 하는데 자네는 남쪽으로 가고 있네. 그렇게 아무 방향으로 간다고 서울에 도착할 수 있겠나?"
젊은이는 땀을 뻘뻘 흘리며 말했습니다.
"괜찮습니다. 저는 열심히 걷고 있기 때문에 서울에 도착할 수 있을 것입니다."
목표를 미리 정해 두지 않은 사람은 지름길로 가지 못하고 뺑뺑 둘러서 목적지에 도달하고 맙니다. 빠른 길을 두고 이리저리 갈팡질팡 헤매는 법이지요. 인생의 출발점에 서 있는 여러분은 반드시 목표를 세워 두어야 합니다.
목표를 세울 때에는 이렇게 해보세요.
첫째, 자신이 간절히 원하는 목표를 세우세요.
둘째, 목표가 반드시 이루어질 것이라는 믿음을 가지고, 종이에 적어 두세요.
셋째, 목표를 이룰 기한을 꼭 정해 두세요.
이것들을 지키다 보면 여러분의 목표는 꼭 이루어질 거예요.

토머스 칼라일은 영국을 대표하는 작가입니다. 프랑스의 영문학자인 카자미언은 그를 이렇게 평가할 정도였습니다. "칼라일을 배제하고는 영국 문학사도, 19세기 영국 사회사도 설명할 수 없다."

Clemence

행운은 눈이 멀지 않았다.
따라서 부지런하고 성실한 사람을 찾아간다.
앉아서 기다리는 사람에게는 영원히 찾아오지 않는다.
걷는 사람만이 앞으로 나아갈 수 있다.
노력하는 사람에게 행운이 찾아온다.

Good fortune is not blind.
Therefore, it will seek out hardworking and sincere people. Those who just sit and wait for good fortune will never get it. Only those who walk will go forward.
It comes to those who try.

클레망스

The Daily Book of Positive Quotations

골프 선수로서는 168센티미터의 비교적 작은 키에도 불구하고, 전 세계를 돌아다니며 수많은 대회의 우승을 일구어 낸 전설적인 골프 선수, 게리 플레이어.
그는 미국 출신이 아니라 남아프리카공화국 출신이면서도 1970년대 우승을 휩쓸고 다녔습니다.
그래서 기자들이나 다른 동료 선수들도 이렇게 이야기하곤 했답니다.
"작은 키에, 남아프리카공화국 출신이면서 저렇게 우승을 많이 하다니 그는 운이 참 좋은 것 같아."
기자가 그에게 찾아와 운이 좋은 사람이라고 말하자 그는 이렇게 답했습니다.
"나는 운이 좋은 행운아입니다. 그런데 그 행운은 열심히 연습할수록 더 좋아지더군요."
그가 작은 덩치에도 최고의 선수가 될 수 있었던 것은 바로 피나는 연습과 다른 사람들보다 배가 넘게 흘린 땀 때문이었습니다.
인생에서 공짜로 오는 행운이란 절대 없답니다.
노력과 땀과 함께하는 사람에게 찾아오는 파랑새.
그것이 행운입니다.

Auguste Rodin

천재라니? 그런 것은 절대 없다.
단지 노력하는 것뿐이다.
그리고 어떻게 하느냐의 방법이다.
또한 끊임없이 노력하는 것뿐이다.

A genius?
There is no such thing.
There is only hard work,
the method you use, and constant effort.

오귀스트 로댕

The Daily Book of Positive Quotations

다람쥐는 참 부지런한 동물이랍니다.

다람쥐는 겨울에 먹고살 도토리를 땅속에 묻어 두기 위해 가을에 바쁘게 움직인답니다.

도토리를 주워서 땅속에 묻는데, 한꺼번에 도토리를 묻지 않습니다.

다른 동물들이 훔쳐 갈 것을 대비해서 한 구멍에 하나의 도토리만 묻어 둔답니다.

2,000개에서 2,500개 정도의 도토리를 땅속에 묻습니다.

구멍 또한 2,000개에서 2,500개를 파지요.

그 노력 덕분에 다람쥐는 눈 내리는 겨울에도 맛있는 도토리를 먹으며 겨울을 날 수 있답니다.

인생의 정답은 노력입니다.

안 되는 일 없습니다.

못하는 일 없습니다.

노력한다면.

어떤 재능도 노력을 이길 수 없답니다.

가슴에 이런 인생의 표어를 새겨 두는 여러분이 되세요.

"천재는 노력하는 사람을 이길 수 없다."

로댕은 신의 손을 가진 조각가로 유명합니다. 장식품 정도로 생각되어 왔던 조각에 예술적인 생명을 불어넣어 조각을 예술의 한 분야로 만든 사람입니다. 턱을 괴고 있는 남자의 모습으로 유명한 〈생각하는 사람〉을 조각했습니다.

George Bernard Shaw

상상력은 창조의 시작이다.
우리는 자신이 꿈꾸는 것을 상상한다.
우리는 우리가 상상한 대로 될 것이며,
마침내는 자신의 미래를 창조한다.

Imagination is the beginning of creativity.
We imagine what we dream of.
We will become what we imagine and
finally create our own future.

조지 버나드 쇼

The Daily Book of Positive Quotations

사람들은 이런 말을 많이 합니다.

"현대 시대는 상상력의 시대이다."

하지만 그 말은 맞지 않은 말이랍니다.

왜냐고요?

인류 역사상 상상력이 중요하지 않았던 시대는 단 한순간도 없었기 때문이지요.

상상력 하나로 엄청난 돈을 벌어들인 사람은 많답니다.

여러분이 좋아하는 소설 《해리 포터》 시리즈는 1997년부터 2006년까지만 우리나라 돈으로 308조 원이라는 돈을 벌어들였답니다.

소설, 영화, 캐릭터 등으로 엄청난 수익을 만들어 낸 것이지요.

작가 한 명의 상상력 하나로 그런 대단한 일이 일어난 거예요.

우리가 타고 다니는 비행기는 라이트 형제의 상상력으로 생겨났고, 전구가 생겨 우리가 어두운 밤에 책을 읽을 수 있게 된 것은 에디슨의 상상력 때문입니다.

상상력은 그냥 길러지는 것이 아닙니다.

책을 많이 읽고, 여행을 많이 다니고, 영화를 많이 보는 등 여러 가지 경험을 통해서 보다 나은 상상력이 길러지고, 창의력이 길러진답니다.

미래의 자신을 상상해 보고, 그 미래를 창조해 나가는 21세기형 인간이 되세요.

조지 버나드 쇼는 영국의 극작가 겸 소설가입니다. 1925년 노벨 문학상을 탔으며 뛰어난 유머 실력을 가지고 있었습니다. 자신의 묘비명에 "우물쭈물 살다가 내 이럴 줄 알았지."라고 남긴 것으로도 유명합니다.

Bill Gates

어릴 적 내게는 정말 많은 꿈이 있었고,
그 꿈의 대부분은 많은 책을 읽을 기회가 있었기에
가능했다고 생각한다.

I really had a lot of dreams when I was a kid,
and I think a great deal of that grew out of the fact
that I had a chance to read a lot.

빌 게이츠

Arthur Rubinstein

하루를 연습하지 않으면 나 자신이 그 사실을 느끼게 된다. 이틀을 연습하지 않으면 친구들이 눈치챈다.
만약 사흘을 연습하지 않으면 모든 사람들이 느끼게 된다.

If I don't practice for one day, I, myself, notice it.
If I don't practice for two days, my friends notice it.
If I don't practice for three days,
everyone notices it.

아르투르 루빈스타인

The Daily Book of Positive Quotations

여러분의 꿈은 무엇인가요?

미술가가 되고 싶은가요? 운동선수가 되고 싶은가요? 소설가가 되고 싶은가요?

그렇다면 '1만 시간의 법칙'을 알고 실천해야만 한답니다.

'1만 시간의 법칙'이 무엇이냐고요?

신경과학자인 대니얼 레비틴은 여러 분야에서 세계 수준에 올라 있는 사람들을 오랜 시간 동안 연구했답니다.

그랬더니 어떤 분야에서든 세계 수준의 실력을 갖추려면 1만 시간의 연습이 필요하다는 사실을 발견했습니다.

그렇다면 1만 시간은 어느 정도일까요?

하루에 3시간, 일주일에 20시간씩 치면 약 10년간 연습한 것과 같답니다.

대단하죠?

이처럼 끈기 있게 연습하지 않고는 자신이 원하는 분야에서 큰 사람이 될 수 없는 법이랍니다.

어떤 분야의 지존이 되기 위해서 방법은 단 한 가지뿐.

연습, 또 연습입니다.

루빈스타인은 폴란드에서 태어난 미국의 피아니스트입니다. 황금의 손가락을 가지고 있다는 평을 들을 정도로 뛰어난 연주 실력을 뽐낸 피아니스트입니다.

Anthony Robbins

사람들을 밤늦도록 재우지 않고
또 이른 아침 깨우는 것도 바로 열정이다.
열정은 인생에 힘과 의미를 준다.
운동 선수, 예술가, 과학자, 부모 또는 사업가 중
그 누구도 크게 되고자 하는 열정 없이는
성공해서 위대해질 수 없다.

Making people stay up late and waking them up
early in the morning is passion.
Passion gives power and meaning to life.
Athletes, artists, scientists, parents, and
businessmen all can't succeed and become
great without passion.

앤서니 라빈스

프로 축구 최고의 명문 팀, 스페인의 레알 마드리드.

1960년대에 헝가리 출신의 세계 최고 선수인 피렌스 푸스카스가 뛰고 있었습니다.

그는 수많은 골을 뽑아 내며 신기에 가까운 축구 실력을 보여주었습니다.

한 기자가 그에게 물었습니다.

"어떻게 하면 당신처럼 축구를 잘할 수 있습니까?"

그는 진지한 표정으로 이렇게 대답했습니다.

"저는 사람들과 있을 때에는 주로 축구에 대해서 이야기합니다. 사람들이 없고 혼자 있을 때에는 축구만 생각합니다."

어떤가요?

그가 어떻게 해서 최고의 축구 선수가 될 수 있었는지 그 이유를 알겠죠?

축구를 잘하는 사람은 기술이 좋은 사람이 아니라 밥 먹을 때에도 축구 생각, 잠 잘 때에도 축구를 생각하는 사람이랍니다.

우리는 그것을 열정이라고 한답니다.

자신이 무엇인가 되기를 원한다면 늘 그것을 생각하고, 그것에 대하여 고민하세요.

그러는 사이에 나도 모르게 달인으로 변하기 마련이니까요.

Norman Vincent Peale

누구든 열정에 불타는 때가 있다.
어떤 사람은 30분 동안, 또 어떤 사람은 30일 동안,
인생에 성공하는 사람은 30년 동안 열정을 갖는다.

Everybody has a time of fiery passion.
Some people are passionate for 30 minutes,
some people are passionate for 30 days,
and successful people are passionate for 30 years.

노먼 빈센트 필

열정은 성공의 원동력입니다.

포드 자동차 회장으로서 자동차를 생활의 일부분이 되도록 만든 포드는 열정에 대해 이야기하기를 좋아했답니다.

"열정은 희망을 부풀게 만드는 이스트이다. 열정은 당신의 눈 속에 타오르는 불꽃이며, 힘찬 걸음걸이이다. 또한 꼭 움켜쥔 손이요, 억누를 수 없이 솟아오르는 의지이며, 생각을 행동으로 옮기게 하는 에너지이다."

열정은 이처럼 큰 힘을 지니고 있답니다.

누구나 이런 열정을 가지고 있지요.

하지만 문제점이 한 가지 있답니다.

무언가를 처음 시작할 때에는 100명 중 100명 모두가 강렬한 열정을 가지고 있지만 그것을 계속해서 가지고 있는 사람은 한두 명에 불과합니다.

성공은 물론 그 한두 명의 몫이지요.

열정을 가지느냐 마느냐가 중요한 것이 아니라 열정의 온도가 얼마나 식지 않고 계속되느냐가 중요하다는 사실, 이제 알겠죠?

Sir Winston Churchill

성공이란 열정을 잃지 않고
실패를 거듭할 수 있는 능력이다.

Success is the ability to go from one failure to
another with no loss of enthusiasm.

윈스턴 처칠

Nickolas Muray

세상은 세 부분으로 나뉜다.
어떤 일을 일어나게 하는 사람들,
어떤 일이 일어나는 것을 지켜보는 사람들,
그리고 무슨 일이 일어나고 있는지도 모르는 사람들.

People are divided into three groups :
those who make things happen,
those who watch the things that happen,
and those who have no idea what's going on.

니콜라스 머레이

The Daily Book of Positive Quotations

세상에는 세 가지 종류의 사람들로 나뉘는 법입니다.
세상을 움직이는 사람, 세상이 움직이는 것을 지켜보고 있는 사람, 세상이 어떻게 움직이고 무슨 일이 일어나는지 전혀 모르는 사람.
여러분은 어떤 종류의 사람이 되기를 원하시나요?
물론 세상을 움직이는 사람이 되고 싶겠지요.
세상을 움직이고 역사를 만드는 사람.
그런 사람들은 어떤 사람들일까요?
그들은 아직 세상에 없는 것들을 꿈꾸며 "왜 안 되는데?"라고 자신감을 가지는 사람입니다.
나는 세상에서 가장 중요한 사람입니다.
세계 문화 유산 중의 하나로 등록되어야 할 사람이 나라는 것을 잊지 마십시오.
세상에 무슨 일이 일어나는지도 모르는 바보나 남들이 세상을 움직이는 것을 지켜보고만 있는 구경꾼이 되어서는 안 됩니다.
미래에 대한 비전을 가지세요.
"나는 세상을 움직이는 리더다!"
그런 비전으로 세상에 멋지게 도전장을 던지는 내가 되세요.

Martin Luther

희망은 강한 용기이며 새로운 의지이다.
성공하는 데에는 강한 용기와 새로운 의지가 필요하다.
그것들은 희망을 가질 때 갖추어진다.
강한 용기와 새로운 의지를 간직하고 싶거든
희망을 소유하라.

Hope is braveness and resolution.
To be successful, you need both braveness and resolution. Those things will be apparent when you have hope. In order to have hope you must have braveness and resolution.

마르틴 루터

The Daily Book of Positive Quotations

버니 시겔이라는 외과 의사가 있었습니다.

그 의사는 한 번도 나은 적이 없는 병을 고치는 의사로 유명했습니다.

한 사람이 물었습니다.

"무슨 특별한 비법이 있나요?"

"아니요, 특별한 의술은 없습니다. 다만 저는 환자에게 희망을 줍니다. 저는 환자에게 이렇게 말합니다. '이 병을 최초로 이겨 낸 사람이 되지 않으시겠습니까?'"

모든 사람에게는 희망이 있답니다.

희망은 우리에게 모든 것을 이겨 낼 수 있는 힘이 있음을 가르쳐 준답니다.

반면에 실망은 모든 것이 하기 어렵다고 가르쳐준 답니다.

희망은 우리의 인생을 고쳐 주는 만병 통치약이랍니다.

반면에 실망은 우리의 인생을 망치는 나쁜 암이랍니다.

해답은 간단하죠?

인생을 망치는 암보다는 인생의 만병 통치약인 희망을 선택해야겠죠?

Joseph Rudyard Kipling

처음부터 잘되는 일은 아무것도 없다.
실패, 또 실패, 반복되는 실패는
성공으로 가는 길의 이정표다.
당신이 실패하지 않을 수 있는 유일한 길은
당신이 아무런 시도도 하지 않는 것이다.
사람들은 실패하면서 성공을 향해 나간다.

Nothing works out well the first time.
Failure after failure is the way to the success.
The only time you don't fail is when you don't
even try. People who fail are making a
step towards success.

조지프 러디어드 키플링

The Daily Book of Positive Quotations

유명한 학자, 예술가, 성공한 기업인, 뛰어난 스포츠 선수.
그들에게는 한 가지 공통점이 있답니다.
그것은 처음부터 성공하지 않았다는 점이랍니다.
처음부터 한 번의 실패도 없이 모든 것을 성공하는 사람은 없답니다.
농구의 신이라는 마이클 조던도 자신의 성공에 대해 이렇게 말했을 정도예요.
"나는 농구 선수 시절에 9천 번 이상의 슛을 놓쳤다. 거의 3백 번의 경기에서 졌다. 경기를 승리로 이끌라는 특별 임무를 부여받고도 실패한 적은 26번 있었다. 그리고 나는 인생에서 거듭 실패를 계속해 왔다. 이것이 내가 성공한 이유다."
무슨 일이든 처음부터 잘하고, 처음부터 성공하는 경우는 거의 없답니다.
시도하세요.
실패하면 다시 시도하고, 다시 실패하면 다시 또 시도해 보세요.
실패 때문에 절망하고 포기하지 말고 다시 일어서기의 달인이 되세요.
실패한 사람은 자신이 성공에 얼마나 가까이 와 있는지 모르는 사람입니다.
실패에도 포기하지 않고 다시 시도하면 변신 로봇처럼 성공의 달인으로 변신하게 되니까요.

Abraham Lincoln

나는 준비할 것이다.
그러면 언젠가 기회가 올 것이다.

I will always be ready. Then someday,
I'll get an opportunity.

에이브러햄 링컨

"내게는 왜 기회가 찾아오지 않는 거야?"
이렇게 불평하는 사람들을 종종 본답니다.
그런 사람들에게 기회는 왜 찾아오지 않는 걸까요?
자신에게 행운이 없어서일까요?
아니랍니다.
기회가 오지 않는 사람은 기회가 올 때 알아볼 수 있는 준비를 미리 해두지 않은 사람입니다.
그래서 기회가 와도 그것이 기회인 줄 몰라 그것을 잡을 수 없는 것이랍니다.
기회는 앉아서 기다리는 사람에게는 찾아오지 않습니다.
기회는 미리 준비한 사람에게만 찾아오는 선물이랍니다.
기회는 일생에 한 번 찾아오는 것은 아니랍니다.
기회를 손님처럼 생각하세요.
손님을 맞을 때 미리 준비해 두지 않고 아무렇게나 맞으면 그것은 예의에 어긋나는 일이지요.
공부하고, 책을 읽으면서 기회라는 인생의 소중한 손님이 왔을 때 반갑게 맞이하는 여러분이 되세요.

Norman Vincent Peale

분명한 목표를 가져라.
목표가 구체적이고도 확실한 것이 될 때까지 갈고 닦아라.
그것을 항상 당신 마음속에 간직하라.
그러면 어디로 가든지 그것을 잊지 않을것이다.
목표는 적극적인 생각과 믿음과 행동이 필요하다.
이것이 바로 성공의 길이다.

Set your goal and dare to go all out for it.
Repeat the goal in your heart.
Then wherever you go, you won't forget it.
Positive thinking, trust, and action are needed to
accomplish your goal.

노먼 빈센트 필

The Daily Book of Positive Quotations

마라톤을 좋아하는 사람이 있었습니다.

그는 매일 하루에 10킬로미터씩을 빠뜨리지 않고 뛰었습니다.

그 덕분에 건강도 좋아지고, 모든 생활이 활기찼습니다.

그의 친구가 물었습니다.

"매일 하루도 빠지지 않고 그렇게 뛰면 힘들지 않나?"

그는 미소 지으며 말했습니다.

"물론 힘들지. 하지만 하루에 10킬로미터씩 뛰는 것은 내가 세운 목표네. 그래서 뛰지 않으면 몸은 편하지만 내 마음이 더 힘들어지네."

미국의 한 연구소가 '목표'에 대해 연구한 적이 있답니다.

자신의 목표를 세우고 목표를 종이에 기록하고 있는 사람을 조사해 보았다고 해요.

그랬더니 미국인들 중 3퍼센트 정도가 그렇게 하고 있었답니다.

그런데 이 3퍼센트의 미국인은 목표를 세우지 않은 사람들보다 수입이 열 배 이상이 높았다고 해요.

모든 운동에서 가장 중요한 것은 기본기이랍니다.

목표는 인생 성공의 기본기입니다.

기본기도 갖추지 않고 자신의 꿈을 이루려고 해서는 안 되겠죠?

꿈을 이루고 싶다면 인생의 기본기인 목표를 꼭 갖추어야 한답니다.

**The
Daily Book
of Positive
Quotations**

자신을 이기는 사람이 가장 강한 사람이다
Those who overcome their struggles are the strongest

Connie Mack

나는 야구 팀의 선수들이 슬럼프에서 헤어 나오지 못하는 것을 종종 보아 왔다. 반면에 어떤 선수들은 곧 힘을 회복하고 슬럼프에서 빠져나와 더 훌륭한 선수가 되는 것도 종종 보아 왔다. 그것은 상대방 팀에 지는 선수보다 자기 자신에게 지는 선수가 더 많기 때문이다.

I've seen some baseball players
not get out of a slump.
On the other hand, I've seen some players recover and get out of a slump and become a better player. That's because there are more players that are defeated by themselves than defeated by the other team.

코니 맥

The Daily Book of Positive Quotations

한 사람이 이렇게 고백했습니다.

"내게는 강한 적이 하나 있었다. 나는 그가 누구인지 알아내기 위하여 무척이나 노력했다. 그는 나의 계획을 좌절시키기 위하여 무던히도 노력했으며 내 목표에 장애물을 설치하고 방해했다. 그것에 걸려 나는 번번이 좌절했다. 내가 무슨 일은 시작하려 하면 그는 '안 돼!'라고 냉정하게 소리쳤다. 그러던 어느 날 나는 마침내 그를 붙잡았다. 그리고 그의 가면을 벗겨 냈다. 나는 드디어 그의 얼굴을 보게 된 것이다. 하지만 슬프게도 그는 바로 나였다."

자신을 가장 약하게 하는 적은 다른 사람이 아니라 자기 자신입니다.

다른 사람에게 지는 것보다 자신에게 지는 것이 가장 큰 패배랍니다.

자신을 이기지 못하는 사람은 인생의 챔피언이 될 수 없어요.

자기 자신을 믿고 자신을 사랑하세요.

자기 자신을 모자라다고 생각하여 절망의 구렁텅이에 빠지는 일이 없도록 하세요.

사람은 자신이 모자라다고 생각하지만 않는다면 진정으로 강한 사람이 될 수가 있답니다.

세상에서 가장 멋진 승리는 자기 자신과의 싸움에서 이기는 것이랍니다.

Drummond

큰일을 이루기 원한다면 우선 자기를 이겨라.
자신을 이기는 것이 가장 큰 승리이다.

Win over yourself if you want to a
ccomplish an important feat.
Winning over yourself is the biggest victory.

드러먼트

The Daily Book of Positive Quotations

세상에서 가장 큰 적은 누구일까요?

세상에서 가장 무서운 적은 누구일까요?

바로 자기 자신입니다.

다른 사람의 유혹과 꼬임은 사실 그리 무서워할 것이 아닙니다.

단호하게 "NO"라고 말하면 그만이지요.

정말 무서운 것은 자신의 마음이 하는 유혹과 꼬임입니다.

그 유혹들은 내게 감미로운 목소리로 말하곤 하지요.

'에이, 급할 것 뭐 있어? 내일 하면 돼.'

'힘든데 그만 포기하지 뭐.'

그 유혹과 꼬임을 이겨 내기는 여간 힘든 일이 아니랍니다.

하지만 그 유혹과 꼬임을 이겨 내지 못하면 결코 인생의 승리자가 될 수 없답니다.

세상에서 가장 강한 사람은 많이 배운 사람도, 돈이 많은 사람도 아닙니다.

나를 이기는 사람.

그가 세상에서 가장 강한 사람입니다.

Jack Par

내 일생을 돌이켜보면 참으로 많은 장애물을 만났습니다. 그중에서 가장 큰 장애물은 바로 나 자신이었습니다.

As I look back on my life, I had so many obstacles. The biggest one I faced was myself.

잭 파

공부를 못하는 친구, 운동을 못하는 친구.
그런 친구들에게는 공통점이 하나 있답니다.
똑같은 병 하나를 가지고 있어요.
무슨 병이냐고요?
바로 '자기 자신을 과소평가하는 병'이랍니다.
여러분의 가슴에는 무한한 가능성을 가진 거인이 숨어 있답니다.
그런데 여러분은 그 사실을 잘 믿으려 하지 않지요.
그 거인은 알라딘의 요술 램프 속의 거인처럼 자신이 부르지 않으면 나타나지 않는답니다.
'나는 공부를 잘할 수 있어. 거인아, 나타나 나에게 도움을 주렴.'이라고 마음속으로 주문을 외우면 그 거인은 여러분이 실제로 공부를 잘하게 도와준답니다.
이제 자신의 가슴속에 '나는 할 수 없어!'라는 걱정의 장애물을 없애 버리세요.
대신 '나는 할 수 있어!'라는 자신감의 거인을 불러내세요.
그러면 공부도, 운동도 잘하는 슈퍼맨이 된 자신을 발견할 수 있을 거예요.

Granaski

인생은 학교다.
그리고 거기서의 실패는
성공보다도 훨씬 더 뛰어난 교사다.

Life is a school. A failure from it is
the better teacher than a success.

그라나스키

The Daily Book of Positive Quotations

미국에 '마더네이처'라는 인터넷 회사가 있습니다.
이 회사에서는 직원을 뽑을 때 이런 조건을 내걸고 있답니다.
"실패했던 사람을 우대합니다."
그 이유는 실패해 본 사람이 역경을 이겨 내고 성공할 수 있기 때문이라고 합니다.
어떤 사람이든 처음부터 모든 일을 잘할 수는 없어요.
실패, 또 실패, 또 실패.
사람은 실패를 반복하면서 잘못된 점을 알게 되고 다시는 그런 잘못을 하지 않게 되는 법입니다.
그렇게 실패는 성공으로 가는 표지판이랍니다.
실패는 내가 아무것도 이루지 못했다는 것이 아닙니다.
실패를 통해 중요한 것을 배웠다는 것입니다.
실패는 이제 내가 포기해야 한다는 것이 아닙니다.
내가 더 열심히 해야 한다는 것입니다.

Thomas Carlyle

길을 가다가 돌이 나타나면
약자는 그것을 걸림돌이라고 말하고,
강자는 그것을 디딤돌이라고 말한다.

The block of granite which
was an obstacle in the pathway of the
weak becomes a stepping-stone in the
pathway of the strong.

토머스 칼라일

인생이라는 길고 긴 길.

그렇다면 그 인생이라는 길은 어떤 모양의 길일까요?

올림픽 100미터 경주처럼 펼쳐진 길일까요?

아니에요.

우리가 달려야 할 인생이라는 길은 울퉁불퉁하고, 꾸불꾸불하고, 장애물이 있고, 커다란 산으로 막히기도 한답니다.

때로는 평지와 내리막길처럼 쉽게 갈 수도 있지만 때로는 한 치 앞도 보이지 않는 막막한 길이 여러분이 걸어가야 할 인생이지요.

그런데 어떤 사람은 그런 힘든 길이 오면 바로 포기해 버리고 맙니다.

그런 사람은 인생 성공이라는 결승점에 결코 도달할 수가 없지요.

커다란 돌멩이가 있으면 그것을 치우거나 뛰어넘는 사람만이 인생 성공이라는 결승점에 도달하는 영광을 누릴 수 있는 법이랍니다.

여러분은 인생이라는 그 길에서 이제 막 출발한 선수입니다.

힘들 때도 있을 거예요. 포기하고 싶을 때도 있을 거예요.

하지만 그 어려움들을 장애물 경주하듯 뛰어넘는 사람이 되세요.

Lloyd Corri

습관의 쇠사슬은 처음에는 너무 약한 것처럼 느껴져
언제라도 끊을 수 있으리라 생각하지만,
나중에는 그 사슬이 너무 단단하여 끊을 수 없게 되는 법이다.

A chain of habit feels weak the first time that
it can be broken at anytime, but later on it gets
so strong that nothing can break it.

로이드 코리

The Daily Book of Positive Quotations

내가 누구인지 한번 맞춰 보세요.

나는 당신에게 명령을 받습니다.

하지만 나는 당신을 내 마음대로 조정하기도 합니다.

선택은 당신이 하는 것입니다.

위대한 사람은 나를 잘 이용하는 사람입니다.

자신의 마음대로 나를 조정하는 사람이지요.

하지만 실패한 사람은 나의 하인입니다.

내가 하자는 대로 따라와 인생을 망치지요.

나를 이기는 사람이 되세요.

그러면 여러분은 성공이라는 트로피를 받는답니다.

그러나 조심하세요.

나에게 지는 사람은 실패라는 독약을 마셔야 하거든요.

이것은 무엇일까요?

이것은 바로 '습관'이랍니다.

여러분처럼 초등학생일 때 좋은 습관을 들이는 것은 무엇보다도 중요하답니다.

초등학교 때는 잘못된 습관을 고치기 쉽지만 나이가 들어 갈수록 잘못된 습관은 고치기 힘들기 때문이지요.

Jean Paul

인생은 한 권의 책과 비슷하다.
어리석은 사람은 아무렇게나 책장을 넘기지만,
현명한 사람은 차분히 읽는다.
왜냐하면 그들은 단 한 번밖에
그것을 읽지 못한다는 것을 알고 있기 때문이다.

Life is like reading a book.
Fools carelessly turn the page,
but wise men read calmly because they know
they only have one chance to read that book.

장 파울

The Daily Book of Positive Quotations

한 권의 책이 있습니다.

그 책을 모두 이해하고 감동을 받으려면 한 장, 한 장 정성스럽게 읽어야 합니다.

그러지 않고서는 제대로 이해할 수가 없지요.

하지만 앞부분을 대충 읽었다 하더라도 다시 책을 펼쳐 들고 그 부분을 읽으면 그 책을 충분히 이해할 수 있습니다.

하지만 인생은 그렇지 못합니다.

인생은 충실하게 살려면 하루하루를 최선을 다해서 살아가야 합니다.

초등학생 시절, 중학생 시절을 열심히 노력하지 않고 어른이 된 사람.

'그때 나는 열심히 노력하지 않았어. 다시 초등학교, 중학교 생활로 돌아가서 열심히 노력해야지.'

이런 일이 가능할까요?

당연히 불가능하지요.

책과는 달리 인생은 한번 살면 다시 과거로 되돌아갈 수가 없는 법입니다.

기억하세요.

인생은 단 한 번밖에 살 수 없다는 사실을.

그러므로 지금, 오늘이라는 이 시간에 충실해야 한다는 사실을.

Rosalind Russell

실패란 인생이라는 식탁에 차려지는
코스 요리 중 하나이다.
나는 식탁에 차려진 요리를
빠뜨리고 먹어 본 적이 한 번도 없다.

Flops are a part of life's menu and I've never been
a girl to miss out on any of the courses.

로사린드 러셀

The Daily Book of Positive Quotations

"편식 좀 하지 마."
"급식할 때 골고루 먹고 음식물 남기면 안 돼요."
먹기 싫은 음식은 안 먹으면 그만인데 부모님과 선생님은 왜 자꾸 그런 말을 하실까요?
그 이유는 음식을 편식하면 몸의 영양소가 부족해져 신체가 건강하게 자라지 않기 때문이랍니다.
몸이 음식을 고르게 먹지 않으면 이상이 생기듯 인생 또한 마찬가지랍니다.
인생이라는 식탁의 것들 또한 마찬가지랍니다.
인생이라는 식탁에는 성공, 기쁨, 실패, 시련, 고난 등 다양한 음식들이 존재합니다.
성공이나 기쁨만 먹는다면 우리의 인생은 단단해지거나 커지지 못한답니다.
때로는 아픔과 시련, 슬픔과 눈물이라는 음식을 번갈아가며 먹을 때 우리의 인생은 더욱 건강해지는 법이랍니다.
당장은 먹기 힘들지만 자신의 인생 식탁에 펼쳐진 음식들을 골고루 먹으세요.
그 쓴 음식이 여러분의 인생을 더욱 건강하게 해 주니까요.

Andrew Matthews

실패는 고통스럽다.
그러나 최선을 다하지 못했음을 깨닫는 것은
몇 배 더 고통스럽다.

Failure hurts,
but realizing you didn't do your best hurts
even more.

앤드루 매슈스

The Daily Book of Positive Quotations

세상에서 가장 부끄러운 일이 무엇일까요?
세상에서 가장 부끄러운 일은 실패도, 패배도 아닙니다.
그것은 스스로에게 최선을 다하지 못한 것입니다.
실패는 결코 부끄러운 것이 아닙니다.
살아가면서 실패는 누구나 겪는 감기몸살 같은 것입니다.
감기몸살에 걸리면 며칠 동안은 힘들지만 곧 회복되어 정상적으로 생활할 수 있답니다.
그리고 자신이 최선을 다했는데 실패했다면 그 실패는 자신의 인생의 보약이 되어 줍니다.
최선을 다한 만큼 후회도 없는 법이지요.
하지만 최선을 다하지 않았다면 그것은 부끄러운 일이 아닐 수 없습니다.
모든 일에 최선을 다하는 자세.
그래서 그것이 성공으로 끝나든 실패로 끝나든 '너는 이번에 최선을 다했어.'라고 스스로를 칭찬해 줄 수 있는 여러분이 되세요.

Mary Matalin

성공하는 사람과 실패하는 사람 사이에는 오직 한 가지
차이밖에 없는데, 그것은 돈도 아니고 머리도 아니야.
성공의 비결은 자신감이란다.
그런데 자신감을 가지려면 반드시 갖춰야 할 게 있지.
충분히 준비할 것, 경험을 쌓을 것,
그리고 절대 포기하지 말 것, 이 세 가지란다.

There is only one difference between a successful
person and a failure. That is not the money
nor intelligence. The key to the success is
confidence. In order to be confident,
you should meet the requirements.
They are to prepare in advance, get experience,
and never give up.

매리 매털린

The Daily Book of Positive Quotations

이 말은 전 미국 부통령인 딕 체니에게 그의 아버지가 들려준 말입니다.
아버지는 누구나 아들에게 가장 심어 주고 싶은 한 가지가 '자신감'이랍니다.
자신감은 인생을 거인으로 살아가기 위해 꼭 필요한 것이기 때문이지요.
자신감은 자신에 대한 긍정이랍니다.
우리는 살아가는 동안 수많은 종류의 장애물과 만나지요.
그중에서 가장 어렵고 가장 큰 장애물은 다름 아닌 바로 자기 자신이랍니다.
나를 과소평가하는 습관.
나를 별 대수롭지 않은 사람으로 믿어 버리는 어리석음.
이것 때문에 우리는 삶이 주는 소중한 선물들을 그냥 지나쳐 버리곤 한답니다.
이렇게 외쳐 보세요.
"나는 참 멋있는 아이야!"
"나는 감춰진 재능이 참 많은 아이야!"
지금 자신이 생각하는 것보다 여러분은 훨씬 많은 것을 가지고 있는 사람입니다.
어깨를 당당하게 펴고, 목소리도 힘차게 오늘 하루를 살아가야 해요.

Norman Vincent Peale

'마치 ~인 것처럼'이라는 원칙은 삶의 곳곳에서 통하는 법이다. 마치 두렵지 않은 것처럼 행동하라. 그러면 당신은 용감한 사람이 될 것이다. 마치 할 수 있는 것처럼 행동해라. 그러면 당신이 할 수 있다는 사실을 발견하게 될 것이다.

Principle. Act as if, and that which
you practice will tend to be.
Act as if you are not afraid.
Then you will be brave. Act as if you can do it.
Then you will realize that you can do it.

노먼 빈센트 필

The Daily Book of Positive Quotations

수학 문제를 풀 때에는 공식을 사용하면 잘 풀립니다.
잘 풀리지 않던 문제도 공식을 사용하면 잘 풀리지요.
모든 문제를 해결해 주는 이 수학 공식처럼 인생의 문제를 해결해 주는 인생 공식이 있답니다.
바로 '마치 ~인 것처럼'입니다.
두려울 때 마치 두렵지 않은 것처럼.
어려울 때 마치 어렵지 않은 것처럼.
힘들 때 마치 힘들지 않은 것처럼.
그렇게 행동하면 이상하게도 내게 닥친 문제가 해결되는 법이랍니다.
'마치 ~인 것처럼'이라는 인생 공식.
수학 공식보다 더 중요한 이 공식을 잊지 않는 여러분이 되세요.

Ivan Sergeyevich Turgenev

사람들은 언제나 스스로를 달랜다.
'내일이면', '내일만은' 하면서 말이다.
이 '내일'이 그를 묘지로 보내는 그날까지.

People always soothe themselves by saying
'tomorrow', 'tomorrow' until that
'tomorrow' sends them to the grave.

이반 세르게예비치 투르게네프

The Daily Book of Positive Quotations

내일은 가장 그럴듯한 사기꾼이랍니다.
'오늘 바쁜데 내일 해야지. 내일 해도 충분해.'
'오늘은 피곤한데 내일 하지 뭐.'
이렇게 우리들을 유혹한답니다.
그렇게 내일, 내일, 그리고 또 내일로 미루다 우리는 영영 그것을 할 수 없게 되는 경우가 허다합니다.
지나가 버린 어제는 우리 마음대로 할 수가 없습니다.
내일은 어떤 일이 닥칠지 아무도 알 수가 없습니다.
하지만 오늘은 내 마음대로 할 수가 있답니다.
그래서 우리는 오늘이라는 시간에 최선을 다해야 한답니다.
오늘이 그림이라면 걸작을 만들어야 합니다.
오늘이 경기라면 죽을힘을 다해 뛰어야 합니다.
오늘이 노래라면 최고의 감정을 실어 불러야 합니다.
오늘 모든 에너지를 쏟아 부으세요.
내일이 또 여러분을 달콤한 거짓말로 속일지 모르니까요.

Israel Davidson

"시간은 돈이다."라는 말은 거짓말이다.
잃어버린 돈은 다시 얻을 수 있지만
잃어버린 시간은 절대 다시는 얻지 못하기 때문이다.

"Time is money" is a lie.
Money can be earned if it's lost, but
you can never earn the lost time.

이스라엘 데이비슨

The Daily Book of Positive Quotations

"시간은 돈이다."라는 속담이 있지요.
시간은 돈처럼 소중하다는 뜻이 들어 있는 말이랍니다.
하지만 시간은 돈보다 더 소중한 것이랍니다.
우리는 1분을 대수롭지 않게 여기곤 하지요.
하지만 1분의 힘은 참으로 위대하답니다.
1분이 모여 위대한 한 시간이 되고, 위대한 한 시간이 위대한 하루가 된답니다.
위대한 하루가 모여 위대한 한 달이 되고, 위대한 한 달이 모여 위대한 1년이 되고, 위대한 1년이 모여 위대한 평생이 된답니다.
그렇기에 모든 시간은 위대한 것입니다.
1분이라는 시간도 헛되이 사용해서는 안 됩니다.
시간은 결코 우리를 기다려 주지 않기 때문입니다.
한번 잃어버린 시간은 애걸복걸하고 떼를 써도 다시 내게 와주지 않는 법이지요.
모든 사람에게는 하루 24시간이 주어집니다.
분으로 말하면 1,440분이지요.
이것을 1,440만 원이라는 돈으로 바꾸어 생각해 보세요.
그렇다면 1분이라도 헛되이 보내지 못할 거예요.
돈보다 더 소중하게 1분, 1분을 소중히 여기는 습관.
여러분에게 꼭 필요한 1순위 습관입니다.

John F. Kennedy

그대들이 무엇을 선택하더라도 개의치 않겠다.
하지만 최선을 다하는 일인자가 되어라.
설령, 하수도 인부가 되는 한이 있더라도
세계 제일의 하수도 인부가 되어라.

I'm not concerned about what you do for living, but whatever you do, do your best and be the leading person. Even if you become a plumber, be the world's best plumber.

존 F. 케네디

The Daily Book of Positive Quotations

"여러분은 커서 무엇이 되고 싶어요?"

초등학생 친구들이 가끔 선생님께 듣는 질문입니다.

친구들은 손을 들어 발표하지요.

"네, 의사요." "네, 선생님요." "네, 화가요."

누구나 어른이 되어서는 어떤 직업을 가지게 됩니다.

하지만 중요한 것은 어떤 직업을 가지느냐가 아니랍니다.

어떤 직업은 좋고, 어떤 직업은 좋지 않다는 것은 잘못된 생각이랍니다.

어떤 직업을 가지든 그 직업에서는 최고가 된다는 생각과 마음가짐이 중요한 것입니다.

삶을 뒤돌아보았을 때 자신의 분야에서 최선을 다한 일인자.

그것만큼 아름다운 자서전은 없답니다.

자신이 꿈꾸고 자신이 목표로 하는 직업에서 최고가 되세요.

세상 사람들이 그 직업을 이야기할 때 여러분을 떠올리며 "그 사람이 최고지."

하며 엄지손가락을 내밀 수 있는 사람이 되세요.

존 F. 케네디는 미국의 제35대 대통령입니다. 미국 역사상 가장 어린 나이로 대통령이 된 사람입니다. 대통령이 되고 2년 후인 1963년에 총에 맞아 숨졌습니다. 미국인들이 가장 좋아하는 대통령 중의 한 명입니다.

R. W. Emerson

영웅은 보통 사람보다 용기가 더 많은 것이 아니다.
다만 다른 사람보다 5분 정도 더 길게
용기를 지속시킬 수 있는 사람이다.
그 5분이 운명을 전환시키는 힘이 된다.

Heroes aren't braver than ordinary men.
They are brave just 5 minutes longer than ordinary
men and that 5 minutes will be the power to
change the fate.

R. W. 에머슨

The Daily Book of Positive Quotations

영웅은 슈퍼맨이 아닙니다.

영웅은 배트맨도 아닙니다.

초능력을 가진 특별한 사람이 아니랍니다.

영웅은 여러분처럼 아주 평범한 보통 사람이랍니다.

영웅은 자신이 가진 용기를 다른 사람보다 조금 더 오래 가지고 있는 사람입니다.

그런데 그것은 눈에 보이지 않을 만큼 아주 조금 더 오래일 뿐입니다.

많은 사람들이 영웅이 되지 못하고 성공하지 못하는 이유는 간단합니다.

두려워하며 시작한 일, 그 일이 제대로 풀리지 않으면 실망해서 곧 그만두기 때문입니다.

하지만 성공은 일이 잘 풀리지 않더라도 용기를 품고 조금 더 견디기만 하면 이룰 수 있습니다.

성공이 바로 눈앞에 있다는 사실을 알지 못하고 성공의 문턱에서 포기해 버리는 것.

그것만큼 안타까운 일이 또 있을까요?

용기를 가지고 조금 더 견디지 못하고, 포기해 버린 사람.

그 수많은 사람 중의 한 명이 되어서는 안 되겠죠?

Albert Einstein

제대로 집중하면
6시간 걸릴 일을 30분 만에 끝낼 수 있지만,
그렇지 못하면 30분에 끝낼 일을
6시간 해도 끝내지 못한다.

If you concentrate,
you will finish 6 hours of work in 30 minutes,
but if you don't,
you won't finish 30 minutes of work in 6 hours.

알베르트 아인슈타인

똑같은 분량의 공부를 하는데도 두 시간에 끝내는 친구도 있고 다섯 시간이 되어도 끝내지 못한 친구도 있습니다.

한번 책을 잡으면 꼼짝달싹하지 않고 보는 친구가 있는 반면에 조금 책을 보다가 딴생각을 하고, 엉덩이가 들썩들썩거리는 친구가 있지요.

그것은 집중력의 차이랍니다.

집중력이란 무엇일까요?

집중력이란 어떤 일을 완전히 끝마칠 때까지 관심과 주의력이 흩어지지 않도록 하는 능력입니다.

집중한 상태란 '여러 가지 생각이 서로 방해하지 않고, 오직 한 가지 생각에 몰두한 상태'를 말한답니다.

성공하는 사람은 어떤 일을 할 때 그 일 자체에만 신경씁니다.

그러므로 시간도 적게 걸리고 효과는 배가 되는 법이랍니다.

공부를 잘하고 못하고는 IQ가 아니라 바로 집중력에 달려 있답니다.

책상에 앉아서 공부를 하면서도 머릿속으로는 이 생각 저 생각 하고 있고, 낙서만 하고 있다면 아무리 많은 시간을 공부해도 그것을 확실히 알 수 없는 법이지요.

무슨 일이든 억지로 하는 것이 아니라 즐거운 마음으로 하는 것.

책상이나 방을 깨끗하게 정리해 두는 것.

처음에는 10분 정도부터 시작해 점차 집중의 시간을 늘려 가는 것.

이런 방법들이 자신의 집중력을 올려 준답니다.

알베르트 아인슈타인은 독일에서 태어난 물리학자입니다. 그가 발표한 '상대성 이론'은 세계의 과학계를 발칵 뒤집어 놓았습니다. 천재였던 그가 죽고 나자 과학자들은 그의 뇌가 다른 사람과 어떻게 다른지 연구할 정도였습니다.

Abigail Adams

배움은 우연히 얻어지는 것이 아니라
열성을 다하고 부지런히 집중해야
얻을 수 있는 것.

Learning is not attained by chance, it must be sought for with ardor and attended to with diligence.

애비게일 애덤스

Winston Churchill

인생의 출발점에서 모진 시련을 겪지 않은 젊은이에게
성공을 기대하는 것은 브레이크 없이 고속도로에 나서는
자동차처럼 위험천만한 일이다.

To expect success from a young man
who has never suffered early in life is as
dangerous as driving on a highway without brakes.

윈스턴 처칠

The Daily Book of Positive Quotations

작가 오 헨리는 명작 〈마지막 잎새〉를 썼습니다. 은행원이었던 그는 부정을 저질러 감옥에 들어가 그 안에서 소설을 쓰기 시작해 대작가가 되었답니다.
탐험가 로버트 피어리는 1909년 4월 6일, 최초로 북극점을 정복했습니다. 하지만 그는 북극점을 정복하기까지 일곱 번이나 실패하는 시련을 겪었답니다.
프랭클린 루스벨트 대통령은 미국 역사상 처음으로 네 번이나 대통령을 한 위대한 인물입니다. 하지만 그는 39살 때 소아마비에 걸려 걷지 못하는 시련을 겪었답니다.
음악가 슈베르트는 〈겨울 나그네〉 같은 명곡을 남긴 위대한 음악가입니다. 하지만 그는 피아노 한 대 없었고 레스토랑의 웨이터로 일을 해서 번 돈으로 악보 종이를 살 정도로 가난했답니다.
조각가 로댕은 〈지옥의 문〉을 남기며 조각의 아버지로 불립니다. 하지만 그는 재능을 인정받지 못해 예술 학교 입학을 세 번이나 거절당하는 시련을 겪었답니다.
시련은 우리를 쓰러지게 하기 위해 존재하는 것이 아니랍니다.
우리가 얼마나 잘 견디는지, 우리가 얼마나 강한지 시험하기 위해 존재합니다.
그것을 잘 견디고, 잘 이겨 낸 사람에게 월계관을 씌워 주기 위해 존재합니다.

윈스턴 처칠은 영국의 정치가입니다. 영국을 이끌던 그는 강한 영국을 만들기 위해 노력했으며 많은 사람들의 존경을 받고 있습니다. 정치가이지만 뛰어난 작가이기도 했던 그는 1953년 《제2차 세계대전》으로 노벨 문학상을 수상하기도 했습니다.

Richard Nixon

인간은 패배했을 때 끝나는 것이 아니라
포기했을 때 끝난다.

A man is not finished when he is defeated.
He is finished when he quits.

리처드 닉슨

The Daily Book of Positive Quotations

한 사람이 여행을 하다가 호수를 만났습니다.
그 호수에서 세수를 하다가 그만 다이아몬드 목걸이를 물에 빠뜨리고 말았습니다.
어떻게 다이아몬드를 찾을까 고민하던 그는 물을 퍼내기 시작했습니다.
며칠이 지났지만 그는 계속해서 물을 퍼냈습니다.
그것을 지켜보던 신이 나타났습니다.
"자네는 도대체 언제까지 이 호수의 물을 퍼낼 작정인가?"
그는 굳은 의지가 담긴 표정으로 말했습니다.
"목걸이를 찾을 수 있을 때까지요."
그 말을 들은 신은 곧장 그의 목걸이를 찾아 주고 사라져 버렸습니다.
포기하지 않으면 실패는 없는 법이랍니다.
우리가 성공하지 못하는 이유는 성공하기 전에 포기해 버리기 때문이지요.
'내가 원하는 것을 이룰 수 있을 때까지 결코 포기하지 않을 것이다.'
이런 로봇처럼 강한 마음, 포기하지 않는 고래심줄같이 질긴 성격이 성공을 만들어 준다는 사실을 명심하세요.

닉슨은 미국의 제37대 대통령입니다. 미국을 잘 경영하던 그는 '워터게이트 사건'으로 인해 1974년 8월, 대통령 직에서 물러나야 했습니다. 미국 역사상 처음으로 대통령으로 있다가 물러난 대통령이 되었습니다.

Mark Fisher

장애물을 만나면 이렇게 생각하라.
'내가 너무 일찍 포기하는 것이 아닌가?' 하고.
실패한 사람들이 현명하게 포기할 때,
성공한 사람들은 '미련할 만큼' 참는다.

When you face an obstacle, think like this.
'Am I giving up too quickly?'
When a failure gives up wisely,
a successful man endures stupidly.

마크 피셔

미술가 미켈란젤로는 〈최후의 심판〉을 8년간 그린 후에야 완성했습니다.

소설가 베르나르 베르베르는 소설《개미》를 12년 동안 120번이나 고쳐 썼습니다.

소설가 빅토르 위고는《레 미제라블》을 완성하는 데에 36년이라는 시간을 보내야만 했습니다.

음악가 베르디는 85살이 되어서야 자신이 원하던 명곡 〈아베마리아〉를 작곡할 수 있었습니다.

작가 괴테는《파우스트》라는 자신의 명작을 60살부터 쓰기 시작해 82살에 완성할 수 있었습니다.

만일 그들이 지겹다고, 때로는 힘들다고 자신이 하던 것을 포기했다면 과연 그들은 세상에 자신의 이름을 알릴 수 있었을까요?

그들은 참고 견뎠기에 지금의 성공과 명예를 차지할 수 있었던 것입니다.

이처럼 성공한 사람들은 포기하는 사람이 아니라 견디는 사람이랍니다.

장애물에 걸려 넘어지는 사람이 아니라 장애물 넘기 선수랍니다.

기억하세요.

포기는 언제나 빠르다는 것을.

John Goddard

이것만은 기억하라.
그대가 모든 것을 잃었다고 생각할 때,
그래도 미래가 남아 있다는 것을.

Just remember this.
When you thought you have lost everything,
there still is a future.

존 고다드

The Daily Book of Positive Quotations

사람들은 어떤 일에 실패할 때면 이렇게 말하곤 합니다.
"모든 게 끝나 버렸어."
그러고는 다시 무언가를 할 의지를 잃어버리곤 합니다.
하지만 인생은 몇 번의 실패로 절대 끝나는 것이 아니에요.
실패하고 다시 일어서고, 실패하고 다시 일어서고를 반복하지요.
실패한다고 해서 모든 것을 자포자기할 필요는 없답니다.
아무리 큰 실패를 하더라도 우리에게는 가장 큰 재산이 남아 있기 때문입니다.
바로 미래라는 재산이지요.
미래는 아무것도 그려지지 않은 백지의 모습입니다.
아무리 많이 실패했다고 해도 새롭게 시작할 수 있는 것이 미래이지요.
지금 자신의 모습으로 모든 것을 단정 짓지 마세요.
여러분에게는 미래라는 멋진 꿈동산이 있으니까요.

존 고다드는 꿈을 이룬 사람으로 유명합니다. 열다섯 살이 되던 1940년에 노란색 종이에 '나의 인생 목표'라고 쓰고 127가지의 인생의 꿈을 적었습니다. 그때부터 꿈을 이루기 위해 노력했던 그는 1972년 104개의 꿈을 이루어 미국의 잡지, 〈라이프〉에 '꿈을 성취한 미국인'으로 실렸습니다.

Somerset Maugham

이 세상에 관해 유감스러운 것은
좋은 습관은 나쁜 습관보다
포기하기가 훨씬 쉽다는 사실이다.

The funny thing about life is
that it is a lot easier to give up
good habits rather than bad ones.

서머셋 모옴

The Daily Book of Positive Quotations

"오늘은 너에게 중요한 사실을 하나 가르쳐 주마."
한 스승이 아끼는 제자를 데리고 깨달음을 주기 위해 산으로 갔습니다.
"여기에 있는 나무를 뽑아 보아라. 이 나무는 심은 지 한 달 정도 된 나무란다."
제자는 아주 쉽게 나무를 뽑아 냈습니다.
"그럼 이번에는 이 나무를 뽑아 보아라. 이 나무는 1년 정도 된 나무란다."
제자는 땀을 뻘뻘 흘리며 겨우겨우 뽑아 낼 수 있었습니다.
"마지막으로 이 나무를 뽑아 보아라."
제자는 있는 힘을 다했지만 나무는 꼼짝달싹도 하지 않았습니다.
"스승님, 도저히 못하겠습니다."
"이 나무는 10년 된 나무란다. 인간의 습관이 이 나무와 같단다. 처음에는 습관을 쉽게 뽑아 낼 수 있지만 오래된 습관은 뽑아 내기 어려운 법이란다."
사람의 습관은 대부분 여러분처럼 초등학교 때 형성된답니다.
이때 습관이 여러분의 최고의 친구가 될지, 원수 같은 존재가 될지 결정된답니다.
나쁜 습관은 금방 익숙해지지만 시간이 지나 고치려면 너무나 어렵지요.
반면에 좋은 습관은 만들기는 어렵지만 한번 만들어지면 계속해서 자신의 인생의 든든한 도우미가 되어 준답니다.

Henry Austen

성공과 실패는 종이 한 장 차이이다.
인간은 목표가 바로 눈앞에서 아른거리는데
깨닫지 못하는 경우가 있다. 다시 한번 잠수하면
진주를 손에 넣을 수 있는데 포기해 버리는 잠수부가 많다.
아무리 힘들어도 달콤한 꿀은 있는 법.
포기하지 않는 한 실패는 찾아오지 않는다.

Success is but one increment from failure.
Men can't realize their goal even though
it flickers in front of their eyes.
A diver gives up the pearls even though one more
dive would let him get them.
There is sweet honey to be had no matter how
hard it is to get it.
You won't face failure unless you give up.

헨리 오스틴

1935년, 미국의 과학자 캐러더즈는 놀라운 천을 개발했습니다.

세계 최초의 합성 섬유 '나일론'을 개발한 것입니다.

현재 사람들의 옷으로 많이 쓰이는 옷의 재료랍니다.

그는 이 섬유의 이름을 '폴리마 66'으로 지었답니다.

이유는 그 섬유를 개발하기까지 65번의 실패가 있었고 그다음 66번째의 실험에서 성공했기 때문입니다.

단 한 번의 실패도 없이, 단 한 번의 아픔도 없이 이 세상을 살아갈 수 있는 사람은 아무도 없습니다.

세계를 이끌어 가는 사람들의 일생을 보면 공통되는 점이 하나 있습니다.

그것은 그런 사람들일수록 많은 실패와 아픔을 겪었다는 것입니다.

그리고 그럼에도 불구하고 포기하거나 절망하지 않고 다시 일어서서 자신의 일에 최선을 다했다는 점입니다.

지금 자신을 아프게 하고 힘들게 하는 일은 훗날 자신을 더욱 튼튼하게 해주는 비타민 같은 것입니다.

Helen Keller

나는 받은 것이 너무 많아서
받지 못한 것이 무엇인지 생각할 겨를이 없다.

I've received so many things that
I cannot think about what I didn't get.

헬렌 켈러

The Daily Book of Positive Quotations

전설적인 권투 영웅, 무하마드 알리.
그는 권투 역사상 가장 위대한 선수로 세계인들의 존경을 받았습니다.
그런데 그는 선수 생활 때 맞은 펀치로 인해 파킨슨병을 앓았습니다.
1996년 애틀랜타 올림픽 개회식 때 그는 성화의 최종 주자로 등장했습니다.
병으로 온몸이 뒤틀리면서도 성화를 점화하는 멋진 모습을 보여주었고 전 세계인들은 그의 권투 솜씨가 아니라 역경을 이겨내는 정신 때문에 감동했습니다.
그는 마비된 얼굴을 보여주며 이렇게 자신 있게 말했습니다.
"내가 성화에 점화할 때 왜 울었습니까? 나도 했습니다. 여러분은 왜 못합니까? 무슨 일이든 포기하지 마세요."
사고로 하반신 마비가 되었지만 사업으로 큰 성공을 거둔 사람이 있었습니다.
그에게 비결을 묻자 그는 이렇게 대답했답니다.
"하반신 마비가 되기 전 내가 할 수 있었던 일은 1만 가지였다. 그러나 이제는 내가 할 수 있는 일이 9천 가지다. 나는 잃어버린 천 가지를 후회하며 살 수도 있고, 아니면 아직도 가능한 9천 가지를 하면서 살 수도 있다."
중요한 것은 자신의 환경이나 상황이 아니랍니다.
중요한 것은 역경이 있더라도 그것을 이겨내고 자신이 할 수 있는 일을 해내는 마음가짐입니다.

헬렌 켈러는 시각과 청각 장애가 있는 미국의 교육가이자 작가입니다. 그녀는 장애를 극복하고 미국에서 장애인 최초로 대학교를 졸업한 사람이 되었습니다. 영원한 그녀의 스승, 설리번 선생님과 평생을 함께했습니다.

Peter Cohen

성공에 대해 알아야 할 모든 과정은
다음 세 가지 단어로 요약된다.
할 수 있다 – CAN
할 것이다 – WILL
바로 지금 – NOW

The following three words sum up everything
you need to know in order to be successful.
You can do it. – CAN
You will do it. – WILL
Right now! – NOW

피터 코언

'할 수 있다', '할 것이다', '바로 지금'.

이 세 단어는 마법의 단어가 아닐 수 없습니다.

인생의 성공을 요약해 주는 단어이기 때문이지요.

가슴속에 '할 수 있을까?'라는 의심이 든다면 "나는 할 수 있다."라고 큰 소리로 외쳐 보세요.

머릿속에 '할까? 말까?'라는 망설임이 맴돈다면 "할 것이다."라고 두 주먹을 불끈 쥐세요.

그리고 해야 할 일이 있다면 바로 지금 하세요.

지미 라이언스라는 음악가는 이런 멋진 말을 했어요.

"내일은 게으른 사람에게만 매력적인 날이다."

할 수 있다는 자신감.

할 것이라는 의지.

미루지 않고 지금 하는 실행력.

그것만 있다면 인생의 천하장사가 될 수 있답니다.

An Chul Soo

스스로에게 줄 수 있는 가장 큰 선물은
자신에게 끊임없이 기회를 주는 것입니다.

The best present for yourself
is to give yourself endless opportunities.

안철수

The Daily Book of Positive Quotations

참 멋진 말이죠?

우리는 스스로에게 너무 인색한 편이랍니다.

스스로에게 무언가를 할 기회를 끊임없이 주고, 무언가 도전할 기회를 끊임없이 주어야 한답니다.

자신이 아직 어리다는 것, 무한한 가능성을 가지고 있다는 것, 건강하다는 것.

이 모든 것이 여러분에게 주어진 좋은 기회랍니다.

꽃밭을 생각해 보세요.

가꾸지 않고 가만히 방치해 두면 꽃밭은 어떻게 될까요?

꽃은 전부 시들어 버리고 벌거숭이 땅만 드러나겠지요.

하지만 물을 주고 가꾸면 세상을 아름답게 하는 꽃들로 만발하지요.

여러분도 꽃밭이랍니다.

자신에게 기회를 주며 가꾸면 꽃밭처럼 자신의 재능을 활짝 피울 수 있지만 기회를 주지 않고 아무것도 하지 않으면 메마른 사막 같은 땅이 되고 만답니다.

안철수는 서울대 의과 대학을 졸업한 의사였습니다. 우연히 컴퓨터 바이러스를 치료하게 되고 백신을 만드는 기업가로 변신했습니다. 컴퓨터 고치는 의사로 유명한 그는 KAIST와 서울 대학교에서 학생을 가르치기도 했습니다.

Gutrude Boyle

누군가 당신에게
"1킬로미터를 헤엄쳐 갈 수 있어?" 하고 묻는다면
"아니."라고 말할 것이다.
그런데 바다에 빠졌다면
당신은 1킬로미터를 헤엄쳐 갈 것이다.
닥치면 해낼 수 있다.

If someone asks you
"Can you swim 1kilometer?",
you will probably answer "No."
But if you are drowned in the middle of the ocean,
you can probably swim 1kilometer.
You can do it once you face it.

거트루드 보일

'나는 못해!'

이런 생각이 들 때가 있습니다.

그런데 억지로라도 그 일을 하고 난 이후에는 이런 말을 할 때가 있습니다.

"해보니 별것 아니었어. 괜히 겁먹었잖아."

세상 일은 실제로 부딪쳐 보면 그리 어렵거나 힘들지 않습니다.

상상이나 공상은 참 희한하답니다.

머릿속으로 상상하고 공상하는 동안 무섭고 두려운 마음이 늘어나기 때문이지요.

결국은 그다지 어렵지 않은 일도 머뭇거리며 하지 않을 때에는 어렵다고 상상하고 결론지어 버리는 것이지요.

능력은 고무줄 같답니다.

못할 것 같지만 실제로 해보면 고무줄 늘어나듯이 능력이 늘어나 대부분 해낼 수 있답니다.

이제 무슨 일을 하기 전에 두려워하는 습관을 버리세요.

"으라차차." 하고 기합 한번 넣고 시도해 보면 대부분 쉽게 해낼 수 있으니까요.

Vicky Hitzgues

당신이 인생을 돌아보았을 때
"그렇게 하지 못해서 후회하고 있어."라고
말하고 싶은가, 아니면
"그때 그렇게 해서 지금 더없이 기뻐."라고
이야기할 것인가?

Would you like to say
"I regret not doing what I could have done"
as you look back upon your life?
Or say "I am very happy with what I have done"?

비키 히츠게스

"다음에 하지 뭐."

어떤 친구들은 이렇게 말하며 기다립니다.

꾸준하게 기다립니다.

그러는 동안에 시간은 흘러가 버리고, 기회도 흘러가 버리고, 덩달아 인생도 흘러가 버립니다.

어느 순간에 한 달이 지나고, 1년이 지나 이룬 것이 아무것도 없고 맙니다.

물론 10년도 또 그런 식으로 지나가 버리겠지요.

결국 그 사람은 아무것도 이룬 것이 없는 인생을 보내고 이렇게 후회하겠지요.

"그때 무언가를 했더라면 지금과 같은 인생을 살고 있지는 않을 텐데……."

지금도 시간은 흘러가고 있습니다.

내 인생의 황금 시간은 바로 지금입니다.

지금 자신 앞에 주어진 시간을 열심히 사세요.

지금 생각하고, 지금 행동하는 사람만이 훗날 이렇게 말할 수 있는 자격증을 쥐게 되기 때문이지요.

"그때 그것을 하기를 참 잘했어. 그 덕분에 지금의 행복과 성공한 내가 있잖아."

Anne Randers

만약 힘든 고비에 부딪히게 되면,
고개를 높이 들고 정면을 바라보며
이렇게 말하라.
"역경, 나는 너보다 강하다. 너는 결코 나를 이길 수 없다."

If you face a crisis, raise your head, look straight
ahead and say
"Suffering, I am stronger than you.
You can never defeat me."

앤 랜더스

The Daily Book of Positive Quotations

사람을 성공으로 만드는 것은 강한 의지입니다.
의지가 없는 사람은 역경을 맞으면 포기해 버리고 꽁지를 내리고 도망가 버립니다.
하지만 강한 의지를 가진 사람은 역경을 맞으면 더욱 강해지는 법입니다.
샘 E. 로버츠란 사람은 의지에 대해 이런 재미있는 글을 남겼답니다.
"사람이 한번 굳게 결심하면 아무도 그를 막을 수가 없다. 그런 의지 강한 사람을 불구자로 만들면 시인 겸 소설가인 월터 스콧이 된다. 감옥에 가두면 영국의 대소설가인 존 번연이 된다. 눈 속에 파묻으면 미국의 초대 대통령인 조지 워싱턴이 되고, 가난한 가정에서 태어나게 하면 최초의 노예 해방자인 에이브러햄 링컨이 된다. 기관차 차고의 정비장에 갖다 놓으면 크라이슬러 자동차 회사를 세운 월터 P. 크라이슬러가 된다. 남아프리카의 무명 오케스트라의 제2 바이올린 주자로 만들면 명지휘자 아르투로 토스카니니가 된다."
어떤 고비와 시련도 강한 의지 앞에서는 힘을 잃어버린답니다.
살아가다 보면 누구나 고비를 만나는 법이에요.
'이 고비는 나를 무너뜨릴 수 없어.'
강한 의지로 그 눈보라처럼 거센 고비를 모두 녹여 버리는 여러분이 되세요.

The Daily Book of Positive Quotations

가장 위대한 치료제는 사랑이다
Love is the greatest cure

Maksim Gorky

욕설은 한꺼번에 세 사람에게 상처를 준다.
욕을 먹는 사람, 욕을 전하는 사람,
그러나 가장 심하게 상처를 입는 사람은
욕설을 한 그 사람 자신이다.

Abusive language hurts three people.
The one who is cursed and the one who passes
the curse, but the one who is most hurt is the one
who is cursing.

막심 고리키

The Daily Book of Positive Quotations

상대방에게 손가락질을 해보세요.

집게손가락은 상대방을 향하고 있을 거예요.

그런데 나머지 손가락을 보세요.

엄지손가락은 하늘 쪽을 향하고 그 두 손가락을 제외한 나머지 세 손가락은 자신을 향한답니다.

마찬가지예요.

욕은 상대방을 향해 있는 것 같지만 사실은 자기 자신을 향하는 법입니다.

친구를 비난하고, 욕하는 일. 선생님은 그런 친구들을 자주 봅니다.

그렇게 하면 그 친구가 사람들에게 비난을 받을 것이라 생각하지요.

하지만 대부분의 사람들은 결국 뒤에서 욕하고 비난한 그 사람을 욕한답니다.

인디언들의 기도문 중에 이런 것이 있습니다.

"신이시여, 우리가 남의 신발을 신고 보름 동안 걸어 보기 전에는 남을 판단하거나 비난하지 말게 해 주십시오."

다른 사람의 신발을 보름 동안 신어 보면 그 사람의 걸음걸이가 왜 그런지, 그 사람의 발이 불편하지는 않은지 이해하게 된다는 말이지요.

남의 입장이 되어 보기 전에는 남을 비난하지 않게 해 달라는 기도문이지요.

다른 사람을 비난하기 전에 다른 사람의 입장과 상황을 먼저 이해할 줄 아는 바다처럼 넓은 마음을 지닌 여러분이 되어야겠지요.

막심 고리키는 러시아의 작가입니다. 뛰어난 문장력으로 유명한 그는 러시아의 문학을 세계의 문학으로 끌어올렸습니다. 대표적인 작품으로는 《첼카슈》, 《어머니》, 《포마 고르제예프》, 《아침을 기다리는 사람들》 등이 있습니다.

Thomas Sowell

예의와 다른 사람에 대한 배려는 적은 돈을 투자해
큰 돈으로 돌려받는 것과 같다.

Politeness and consideration for others is
like investing pennies and getting dollars back.

토머스 소웰

Mark Twain

나는 칭찬을 먹고 나면
두 달간은 아무것도 먹지 않고 살아갈 수 있다.

I can live for two months on a
good compliment.

마크 트웨인

The Daily Book of Positive Quotations

이 세상에서 가장 효과가 좋은 영양제는 어떤 것일까요?

최고의 인생 영양제.

그것은 바로 '칭찬'이랍니다.

내가 누군가에게 칭찬을 받았을 때의 느낌을 떠올려 보세요.

세상을 다 가진 것 같은 기분, 키가 한 뼘은 더 커진 것 같은 기분.

그런 기분 아니었나요?

이처럼 칭찬은 사람을 기쁘게 하는 효과 만점인 도구랍니다.

그런데 우리가 살아가면서 잘 사용하지 않는 것이 바로 이 칭찬입니다.

나와 친한 친구, 장점이 많은 친구에게도 이 칭찬을 사용하는 데에 인색합니다.

칭찬을 사용하는 데에는 아무런 비용도 들지 않아요.

비용도 들지 않고 사람을 자신감 있게 해 주는 칭찬을 왜 자주 하지 않을까요?

이제 칭찬을 마음껏 낭비하는 사람이 되세요.

세상에서 낭비하면 할수록 상대방을 기분 좋게 만들어 주는 유일한 것.

그리고 나의 기분도 덩달아 좋아지는 것.

그것이 바로 칭찬이니까요.

마크 트웨인은 미국의 작가입니다. 유머가 뛰어난 소설을 썼으며 특히 청소년의 모험 소설로 세계적으로 인기를 끌었습니다. 《톰 소여의 모험》, 《미시시피 강의 생활》, 《허클베리 핀의 모험》 등의 작품이 있습니다.

Aristotles

친구란
두 몸에 사는 하나의 영혼이다.

Friendship
is a single soul dwelling in two bodies.

아리스토텔레스

The Daily Book of Positive Quotations

영국의 한 신문사에서 큰 상금을 걸고 〈친구란 무엇인가?〉라는 공모를 했답니다.
3위부터 한번 살펴볼까요?
'내가 기쁜 마음으로 만나면 기쁜 마음이 배가 되고 더해지며, 내가 고통스러울 때 만나면 고통이 반으로 줄어드는 사람이 친구다.'
2위는 이것이었답니다.
'너무 괴로워서 아무 말도 하지 못하고 침묵할 때 그 말없는 말을 이해해 주는 사람, 그런 사람이 친구다.'
영예의 1위는 바로 이것이었답니다.
'온 세상 모든 사람이 다 나를 버릴 때 그때 찾아와 주는 사람이 친구다.'
자신이 필요로 할 때에는 친구가 되고, 자신에게 아주 조금이라도 손해가 된다면 친구가 아닌 남이 되어 버리는 못난 경험.
그런 경험이 여러분에게는 없나요?
친구란, 우정이란 자신이 필요로 하면 생겨나고 자신이 필요하지 않을 때에는 버릴 수 있는 일회용품 같은 것이 아니랍니다.
'나'라는 이기심이 아니라, '우리'라는 함께하는 마음 속에 우정과 사랑은 보석처럼 빛난답니다.

아리스토텔레스는 고대 그리스의 철학자입니다. 철학자 플라톤의 제자인 그는 세계 철학의 기초를 쌓았습니다.

William Barcley

인간의 의무 가운데 가장 고귀한 것 중 하나는
다른 사람들을 격려하는 것이다.

One of the most precious duty of a man
is to encourage others.

윌리엄 버클리

The Daily Book of Positive Quotations

여러분에게도 힘들고, 슬펐던 경험이 있을 거예요.
그때 자신에게 가장 큰 힘이 되어 준 사람이 있을 거예요.
자신의 곁에서 격려해 주고, 슬픔을 함께 나누어 준 사람이지요.
누구나 자신이 힘들 때 격려와 위로를 해 준 사람을 잊지 못하는 법이랍니다.
누구나 자신이 슬플 때 격려가 되어 주고, 기쁠 때 힘이 되어 주는 사람을 가장 필요로 하는 법이랍니다.
그런 위로나 격려는 누구나 할 수 있답니다.
특별한 재능을 필요로 하는 것도 아니며, 특별한 방법이 있는 것도 아니랍니다.
먼저 마음의 문을 열고 먼저 다가서면 되는 것이랍니다.
그런 사람이 되기 위해 노력하세요.
슬플 때는 눈물을 닦아 주는 손수건 같은 사람,
기쁠 때는 큰 함성으로 축하하는 응원단 같은 사람 말이에요.

Mother Teresa

친절한 말은 아주 짧기 때문에 말하기가 쉽다.
하지만 그 말의 메아리는
무궁무진하게 울려 퍼지는 법이다.

Kind words can be short and easy to speak,
but their echoes are truly endless.

테레사 수녀

The Daily Book of Positive Quotations

세계적인 팝 스타 마돈나는 수많은 변신을 보여준 스타입니다.
2002년 4월 19일, 연예인이지만 그녀는 팬들에게 함께 살아가는 세상에 대해 이렇게 말했습니다.
"어려울 때 자신을 지탱하는 유일한 방법은 베푸는 것입니다. 우울하거나 덫에 빠진 기분이 들 때에는 누구에겐가 친절을 베푸세요. 그러면 기분이 좋아질 것입니다."
세상에는 많은 나라들이 있습니다. 그리고 많은 사람들이 있습니다.
각기 다른 모습과 다른 언어로 말하면서 살아가지만 공통적으로 필요한 것은 바로 친절입니다.
사람들에게 친절을 베푸는 것은 해도 되고 안 해도 되는 선택 사항이 아닙니다.
친절은 우리가 지구라는 집에 살면서 반드시 내어야 하는 임대료 같은 것이랍니다.
소설가 올더스 헉슬리는 죽기 전에 이런 말을 남겼습니다.
자신의 삶의 지혜를 모두 모아 남긴 이 한마디를 우리는 잊지 말고 살아야 할 것입니다.
"서로에게 좀더 친절하도록 합시다."

마더 테레사는 '사랑의 선교회'를 만들어 평생을 가난하고 병든 사람을 위해 봉사하는 삶을 살았던 사람입니다. 1979년 노벨 평화상을 받았으며, 교황 요한 바오로 2세는 그녀를 성인의 자리에 올렸습니다.

Martin Luther King, Jr.

남을 증오하지 마라.
인생이라는 무대에서 그것은
가지고 다니기에는 너무 무거운 짐이다.

Do not hate others.
Hatred is a burden to carry in life.

마틴 루서 킹

The Daily Book of Positive Quotations

초등학교 교실에 가장 많은 것이 무엇일까요?

많은 초등학교 선생님들이 이것을 이야기한답니다.

바로 고자질이랍니다.

서로 친하게 지내다가도 사소한 일 하나라도 있으면 상대 친구를 고자질하는 친구가 많다고 해요.

다른 사람을 미워하고, 다른 사람을 싫어하는 것.

그것은 참 안타깝고 어리석은 행동입니다.

자신 안에 다른 사람에 대한 미움, 증오를 담아 두지 마세요.

남을 미워하고, 증오하는 것.

그것은 부메랑과 같은 것이랍니다.

남에게 피해를 줄 것 같지만 사실은 자기 자신에게 더 큰 피해를 주기 때문이지요.

마틴 루서 킹은 증오를 무거운 짐이라고 했지요.

다른 사람을 힘들게 하고, 내 삶까지 힘들게 만드는 짐.

그런 무거운 짐은 어서 빨리 벗어 버려야겠죠?

마틴 루서 킹은 미국의 목사이자 흑인 해방 운동가입니다. 미국에서 흑인을 백인처럼 평등하게 만드는 운동을 했습니다. 그는 1964년 노벨 평화상을 받았습니다.

J. F. Caney

작은 친절이, 한마디의 사랑이
언젠가는 저 위의 하늘나라처럼
이 땅을 즐거운 곳으로 만드는 씨앗이 된다.

A small kindness,
one word of love will someday become
a seed to make a joyful land like heaven.

J. F. 카네이

The Daily Book of Positive Quotations

세상에는 수많은 사람들이 살아가고 있습니다.

그들 중에는 외롭고, 힘들게 살아가는 사람들이 참 많습니다.

이들에게 필요한 것.

그것은 친절과 사랑이랍니다.

친절한 마음, 따스한 사랑.

이것의 힘을 사람들은 과소평가하곤 한답니다.

하지만 이것들은 인생의 무게로 넘어지려 하는 사람들을 일으켜 세워 주는 놀라운 힘이 있답니다.

친절과 사랑은 시베리아처럼 얼어붙은 마음을 녹이는 힘도 있답니다.

낭비는 세상에서 절대 하지 말아야 할 일 중의 하나입니다.

하지만 유일하게 낭비해도 되는 것이 친절과 사랑입니다.

여러분이 다른 사람들에게 베푸는 친절과 사랑.

그것이 세상을 맑고 아름다운 곳으로 만들어 주는 청정기 역할을 해 줄 거예요.

Albert Harvest

친구란 당신에 대하여 모든 것을 알고 있으면서도
당신을 좋아하는 사람이다.

A friend is someone who knows everything about
you and still likes you.

앨버트 하버스트

친구란 무엇일까요?

친구란 내 모습을 가장 잘 아는 사람입니다.
나의 잘난 모습, 나의 못난 모습.
모든 것을 잘 알고 있지만 잘난 모습뿐 아니라 못난 모습, 부족한 점까지도 좋아하고 감싸 주는 사람입니다.
영어로 친구(Friend)를 표현하면 이렇답니다.

Feel, 눈빛만으로 서로를 느낄 수 있고
Respect, 가깝되 서로를 존중해 주며
Idea, 떨어져 있어도 생각나는 사람,
Excuse, 잘못은 용서하고 용서받고
Need, 서로를 간절히 필요로 하며
Develop, 서로의 장점을 계발해 줄 수 있는 사람

그렇다면 좋은 친구를 사귀려면 어떻게 해야 할까요?
방법은 단 한 가지뿐이에요.
내가 먼저 다른 사람에게 좋은 친구가 되는 것이지요.
기쁨은 두 배로 곱하기가 되고, 슬픔은 절반으로 나누기가 되는 친구.
내가 먼저 다가서서 그런 친구가 되어 준다면 얼마 지나지 않아 내게도 그런 친구들이 많이 생겨날 거예요.

Aristotle

친구는 제 2의 나이다.

A friend is a second self.

아리스토텔레스

A. J. Stanley

만족하며 살고 때때로 웃으며
많이 사랑한 사람이 성공한 사람이다.

He who has achieved success has lived well,
laughed often, and loved much.

A. J. 스탠리

The Daily Book of Positive Quotations

한 소녀가 사진을 찍기 위해 사진관으로 갔습니다.

소녀의 얼굴은 무척 예뻤습니다.

그런데 소녀는 이상하게 인상을 찌푸리고 있었습니다.

"아저씨, 사진 잘 찍어 주세요. 예쁘게 찍어 주세요."

사진사 아저씨는 빙그레 웃으며 말했습니다.

"사진기는 정직하게 얼굴을 찍는단다. 얼굴을 찌푸리지 말고 활짝 펴면 당연히 예쁘게 나온단다."

우리는 세상을 살아가며 불만족스러운 마음으로, 인상을 찌푸리고, 나 자신만 생각하고 살아가곤 하지요.

하지만 그것이 바로 내가 불행해지는 지름길이라는 사실을 알고 있는 사람은 많지 않답니다.

세상의 행복과 불행은 다른 곳에서 오는 것이 아니랍니다.

나 자신의 마음과 얼굴에서 행복과 불행이 시작된답니다.

언제나 마음에는 따스한 봄날처럼 사랑을 품고, 얼굴에는 시원한 가을날처럼 미소를 머금으세요.

그러다 보면 내가 행복의 주인공이 되는 법이니까요.

Jerry D. Twentier

세상이 초음속으로 돌아가고, 기술이 마법을 펼치고,
컴퓨터가 세상의 일부가 된 시대지만
칭찬에 맞먹는 기술적인 도구는 없다.

Although the world is supersonic, technology
uses magic, and computers have become
part of the world, there are no tools
that can match compliments.

제리 D. 트웬티어

The Daily Book of Positive Quotations

에이브러햄 링컨은 미국 사람들이 가장 존경하는 대통령입니다.
그는 1865년 4월 14일 저녁 워싱턴 포드 극장에서 연극을 관람하다 암살당해 다음날 숨졌습니다.
그날 링컨의 호주머니에서는 세 가지 유품이 발견되었습니다.
손수건 한 장, 주머니칼 하나, 그리고 신문 조각이었습니다.
낡은 그 신문 조각에는 이런 글이 실려 있었다고 합니다.
"에이브러햄 링컨은 역대 정치인들 중에서 가장 존경받을 만한 사람이다."
가장 위대한 대통령이라는 링컨 또한 이처럼 자신에 대한 칭찬에 목말라했으며 그것을 보고 힘을 얻었다는 사실을 우리는 알 수 있습니다.
칭찬은 이처럼 위대한 사람도 간절하게 원하는 것이랍니다.
운동선수는 응원의 목소리를 들으면 힘을 내어 승리한답니다.
운동선수 외의 사람에게는 칭찬의 목소리가 승리의 응원가로 들린답니다.
사람들에게 칭찬을 아끼지 않는 사람이 되세요.
햇살을 받은 꽃나무가 꽃을 피워 내듯, 칭찬이 한 사람의 인생을 활짝 피게 하니까요.

Socrates

무조건 칭찬하는 친구보다
결점을 친절하게 말해 주는
친구를 가까이 하라.

Think not those faithful who praise all your words
and actions; but those who kindly reprove
your faults.

소크라테스

Anne Frank

모든 사람들의 마음속에는 좋은 소식이 있다.
바로 자기 자신이 얼마나 위대해질 수 있는지,
얼마나 많은 사랑을 베풀 수 있는지,
얼마나 많은 것들을 이룩할 수 있는지,
그리고 잠재력이 얼마나 큰지 모를 만큼
한계가 없다는 것이다.

Everyone has inside of him a piece of good news.
The good news is that you don't know
how great you can be,
how much you can love,
what you can accomplish,
and what your potential is.

안네 프랑크

The Daily Book of Positive Quotations

코이는 일본인들이 많이 기르는 비단잉어 중 한 종류입니다.
이 물고기는 특이한 점이 있습니다.
코이는 작은 어항에 넣어 두면 5센티미터에서 8센티미터밖에 자라지 않습니다.
큰 수족관이나 연못에 넣어두면 15센티미터에서 20센티미터나 자랍니다.
그런데 큰 강에 놓아 주면 무려 90센티미터에서 100센티미터까지도 자란다고 합니다.
코이라는 물고기는 자신의 가능성을 잘 알지 못한 것이지요.
마찬가지랍니다.
여러분은 자신의 가능성이 어느 정도인지, 얼마나 위대해질 수 있는지를 깨닫지 못하는 것 같아요.
'잘할 수 있을까?' '저렇게 될 수 있을까?'라고 자신의 잠재력을 의심하지요.
하지만 여러분의 능력은 한계가 어느 정도인지 알 수 없을 정도로 큽니다.
자신의 능력은 거인인데 좁쌀만하다고 믿는다면 이제 그런 못난 생각은 모두 쓰레기통에 버려야겠죠?

안네 프랑크는 독일의 유대인 소녀로《안네의 일기》라는 책으로 유명해졌습니다. 열세 살 생일 때 받은 일기장에 '키티(Kitty)'라는 이름을 붙여 자신이 살아온 일기를 쓰기 시작했습니다. 전쟁 때문에 숨어 살던 그녀는 열여섯 살의 어린 나이에 장티푸스로 죽었습니다.

Baltasar Gracian

자신감을 드러내라.
그러면 재능이 드러날 것이다.

Put yourself on view.
This brings your talents to light.

발타자르 그라시안

Robert N. Mayor

베풂에는 세 종류가 있다.
아까워하며 베푸는 것,
의무적으로 베푸는 것,
감사함으로 베푸는 것이다.

There are three kinds of bestowment.
They are unwilling bestowment, responsible
bestowment, and grateful bestowment.

로버트 N. 메이어

The Daily Book of Positive Quotations

어마어마한 부자로 멋진 대저택에 살던 사람이 저승으로 갔습니다.
하늘나라로 갔더니 그의 집으로 너무도 초라한 오두막이 마련되어 있었습니다.
그런데 그 옆에는 엄청나게 크고 근사한 집이 있었습니다.
그 집에는 살아생전 자신의 옆집에 살던 가난한 청소부가 살고 있는 것이었습니다.
그는 천사에게 따져 물었습니다.
"왜 내가 이런 보잘것없는 집에 살아야 합니까?"
천사는 미소 지으며 말했습니다.
"하늘나라에서 짓는 모든 집의 재료는 살아생전 자신이 다른 사람들에게 베푼 것들입니다. 당신은 부자였지만 아주 보잘것없는 것만 사람들에게 준 반면 저 사람은 평생 이웃을 위해 많은 것을 나누어 주었습니다. 그 재료들이 모두 왔으니 저렇게 거대하고 멋진 집이 되는 것이지요."
이 세상은 하나의 가게랍니다.
내가 원하는 것을 하나 가질 때 그것의 대가를 지불해야 하지요.
그 대가는 내가 아닌 다른 사람을 위해 쓰이는 법입니다.
이 세상을 살면서 내가 많이 가질수록 세상을 위해, 다른 사람들을 위해 더 많이 베풀어야 하는 것이지요.
억지로가 아닌 자신의 마음을 담아서 말입니다.

Bill Moyers

좋은 말을 쓰고 좋은 말을 하는 것은
누구든지 할 수 있다.
그러나 좋은 말, 좋은 글을 실천하는 것은
누구나 할 수 있는 것이 아니다.

Anybody can write good words and speak good
words, but practicing good writing and
good speaking is not something everybody can do.

빌 모이어스

The Daily Book of Positive Quotations

부자가 된 사업가가 있었습니다.

기자가 찾아와 그에게 물었습니다.

"아무것도 없는 빈털터리에서 이렇게 부자가 된 비결이 도대체 뭡니까?"

그는 이렇게 말했습니다.

"저는 그저 남들보다 성실하게 일했습니다. 그리고 남들보다 한 시간만 더 일한다는 계획을 책상에 붙여 두었습니다."

기자는 실망한 듯 말했습니다.

"성실하게 일한다는 것은 누구나 다 잘 알고 있는 사실이지 않습니까?"

부자는 미소 지으며 말했습니다.

"그렇습니다. 누구나 잘 알고 있지만 누구나 실천하지는 못하는 일이지요."

여러분에게는 두 개의 '나'가 있답니다.

'생각하는 나'와 '행동하는 나'지요.

'생각하는 나'에게 여러분은 기회를 많이 줍니다.

하지만 '행동하는 나'에게는 움직일 기회를 많이 주지 않지요.

생각만 해서 이루어지는 일은 아무것도 없답니다.

생각하고 행동으로 옮겨야 그 일은 이루어지는 법이랍니다.

Idries Shah

겉모습만 보고 판단하지 말 것.
첫인상이 중요하기는 하지만, 그 중요성에 비해
그 정확성은 그렇게 믿을 만하지 않다.

Do not judge a person by his looks.
First impressions are important,
but their accuracy is not very trustworthy.

이드리스 샤

The Daily Book of Positive Quotations

하버드 대학의 총장실에 옷을 허름하게 입은 노부부가 찾아왔습니다.
총장인 찰스 앨리엇은 무슨 일로 왔느냐고 물었습니다.
"저희 아들은 전쟁에서 죽었습니다. 저희 아들을 추모하는 뜻에서 하버드 대학에 기부금을 내고 싶습니다."
그는 노부부를 아래위로 살폈습니다.
'옷을 입은 것이나 외모로 볼 때 가난한 사람으로 보이는걸.'
그는 건성으로 대하며 노부부가 빨리 나가기를 바랐습니다.
총장의 무례한 태도에 화가 난 노부부는 하버드 대학에 기부하지 않기로 결정하고 그냥 나와 버렸습니다.
그들은 캘리포니아 남부에 있는 작은 도시로 갔습니다.
"우리 아들을 위해 있는 돈을 모두 모아 대학을 하나 만들기로 합시다."
사실 스탠퍼드라는 그 부부는 아주 큰 부자였습니다.
그들은 그 대학을 '스탠퍼드 대학'으로 이름 지었습니다.
지금 그 대학은 미국에서 하버드에 못지않은 수재들이 모이는 대학이 되었답니다.
우리는 자주 사람의 겉모습으로 그 사람을 판단하곤 하지요.
하지만 그것이 얼마나 어리석은 일인지 이 이야기를 보면 알 수 있을 거예요.
다른 사람의 겉모습이나 첫 모습으로 모든 것을 판단하는 것은 포장지를 보고 그 물건이 좋은지, 좋지 않은지 판단하는 것처럼 어리석은 일이랍니다.

Rekenstein

작은 격려 하나가 그 사람의 인생을
계속 살 것인가 아니면 포기할 것인가의
차이를 만들어 낼 수 있다.

Small words of encouragement
make the difference between living one's life
or giving up one's life.

레켄슈타인

The Daily Book of Positive Quotations

유명한 화가이자 시인인 단테 가브리엘 로세티에게 한 노인이 찾아왔습니다.

"제가 그림에 소질이 있는지 한번 봐주십시오."

노인은 자신이 들고 온 그림 몇 장을 보여주었습니다.

단테는 그림을 보고 말했습니다.

"죄송한 말씀이지만 당신은 그림에 전혀 소질이 없는 것처럼 보입니다."

"그럼 이 그림들을 다시 한 번 봐주십시오."

노인은 다른 그림 몇 개를 보여주었습니다.

단테는 깜짝 놀랐습니다.

"이 그림들은 대단한 재능을 가진 사람의 작품입니다. 좀더 노력한다면 대단한 화가로 될 수 있을 것 같습니다. 혹시 이 그림이 당신의 아들이나 딸의 작품인가요?"

노인은 고개를 푹 숙이며 한탄하듯 말했습니다.

"아닙니다. 이 그림은 제가 45년 전에 그린 것입니다. 그때 누군가가 나를 격려하고 칭찬해 주었다면 계속 노력했을 텐데……. 그렇다면 제 인생도 지금 화가로 변해 있을지도 모를 텐데……."

다른 사람에게 좋은 말 한마디 해 주는 것.

미소 한 줌 던지는 것.

격려의 손길 한번 내미는 것.

어깨를 두드리며 힘을 주며 던지는 격려의 말, 그것이 실망감에 어깨 처져 있는 사람에게 살아갈 새로운 힘을 충전시켜 준답니다.

Friedrich Ruckert

참된 우정은 앞에서 보나 뒤에서 보나 똑같다.
앞에서 보면 장미, 뒤에서 보면 가시 같은
그런 것이 아니다.

True friendship is the same
in the front and in the back.
It's not like a rose in front, and a thorn in back.

프리드리히 뤼케르트

The Daily Book of Positive Quotations

부산에서 서울까지 가장 빠르게 가는 방법은 무엇일까요?
비행기를 이용해서, 기차나 자동차를 이용해서 등 여러 가지 답이 나오겠지요.
하지만 이 답이 정답이 아닐까요?
'좋은 친구와 함께 가는 것'.
좋은 친구와 함께하면 우리는 시간 가는 줄 모르고 즐거워하니, 그러다 보면 금방 서울에 도착할 수 있는 것이지요.
진정한 우정을 가진 친구는 우리의 인생에 가장 큰 축복입니다.
그런데 우리는 이런 우정을 가지기 위한 노력을 너무 게을리하고 있는 건 아닌지요?
진정한 우정은 어렵고 힘겨운 날에 확인됩니다.
일이 잘되고 조금 명성을 떨치면 그 사람 주위에 수많은 이들이 몰리다가도 그 사람에게 어려움이 닥치면 모두 썰물처럼 빠져나가는 일을 흔히 볼 수 있습니다.
하지만 진정한 우정이란 이런 가벼운 것이 아니랍니다.
그 친구가 어렵고 힘들어 할 때 옆에서 가만히 손 잡아 주고 같이 웃고 같이 울 수 있는 그런 우정을 지닌 여러분이 되기를….

John Wesley

그대가 할 수 있는 모든 선한 일을 하라.
그대가 할 수 있는 모든 방법으로, 그대가 갈 수 있는
모든 곳에서, 그대가 할 수 있는 모든 시간에,
그대가 베풀 수 있는 모든 사람들에게,
그대가 할 수 있는 한 가장 오랫동안 계속하라.

Do all the good you can by all the means you can,
In all the ways you can, in all the places you can,
at all the times you can, to all the people you can,
as long as ever you can.

존 웨슬리

The Daily Book of Positive Quotations

1998년에 새워진 인터넷 검색 회사 구글은 젊은 사람들이 가장 일하고 싶어 하는 직장입니다.
"최고의 두뇌를 가진 사람들이 모두 구글에 가고 싶어한다."는 이야기가 나올 정도랍니다.
전 세계에 직원 수가 1만 6천 명이 넘는 이 회사는 특이한 기업 정신을 가지고 있답니다.
"Don't be evil(악해지지 말자)."이 바로 그것입니다.
어떤 이익을 얻기 위해 즐겁게 일하면서 새로운 인터넷 사업을 이끈다는 기업의 목표를 지키기 위한 노력이랍니다.
선하고 착하게 살면 바보 같다고 이야기하는 사람도 있습니다.
하지만 그것은 잘못된 생각이랍니다.
선하고 착하게 사는 것.
그것은 자신을 기쁘게 만들고, 행복하게 만드는 일이랍니다.
세상은 부메랑 같은 것이기 때문이지요.
내가 선한 일과 착한 일을 다른 사람에게 베풀면 그것은 다시 나에게 되돌아오는 것이 세상의 법칙이랍니다.
더 많이 부메랑을 던질수록 더 많은 부메랑이 나에게 다시 돌아오는 법.
더 많이 선하게 행동하고, 더 많이 착하게 생활하세요.

Lawrence Boldt

사람들은 누구나 위대해질 수 있다.
그것은 누구나 봉사할 수 있기 때문이다.
봉사는 많은 조건을 필요로 하지는 않는다.
봉사하려는 데에 대학 졸업장이 필요하지도,
어려운 언어를 알고 있어야 할 필요도 없다.
그 마음이 사랑으로 가득하면 그것으로 충분하다.

Anybody can become a great person
because everybody can volunteer.
Volunteering doesn't require much.
You don't need a university diploma
or knowledge of difficult words.
All you need is a heart filled with love.
That is enough.

로렌스 볼트

The Daily Book of Positive Quotations

너무도 열심히 거리를 청소하는 청소부가 있었습니다.

매일 그곳을 지나던 한 사람이 그 청소부에게 물었습니다.

"당신처럼 청소를 열심히 하는 사람을 처음 보았습니다. 왜 그렇게 열심히 하는 겁니까?"

청소부는 미소 지으며 이렇게 말했습니다.

"이 일이 얼마나 위대한 일인데요. 이 일을 할 수 있다는 게 감사할 뿐입니다. 날마다 지저분해지는 이 거리를 깨끗이 청소해 놓으면 사람들이 얼마나 기분 좋겠습니까. 봉사도 하고 그걸로 돈도 버니 이보다 더 좋은 일이 어디 있습니까."

눈을 크게 뜨세요.

그리고 나의 봉사가 쓰일 곳이 어디인지 찾아보세요.

사람이라면 누구나 사랑할 수 있고 봉사할 수 있습니다.

우리의 마음은 지구 곳곳에서 쓰일 수 있지요.

그러므로 항상 눈을 크게 뜨고 내가 도와줄 곳이 없는지 살펴보아야 한답니다.

Norman Vincent Peale

배려하는 마음.
상대방의 입장이 되어 일을 생각할 수 있는
배려하는 마음을 몸에 익히자.
그렇게 하면 타인을 행복하게 할 뿐만 아니라
자기에게도 행복이 돌아올 것이다.

Consideration.
Place yourself in another person's place
and learn to be considerate.
Then you will not only make others happy
but make yourself happy, too.

노먼 빈센트 필

The Daily Book of Positive Quotations

전 세계를 돌아다니는 여행가가 있었습니다.

그는 여행 가방 외에 작은 가방 하나를 어깨에 메고 다녔습니다.

그것은 바로 꽃씨 가방이었습니다.

그는 여행을 다니는 곳마다 그 가방에서 꽃씨를 꺼내 뿌리고 다녔습니다.

그 여행가의 모습을 지켜보던 한 사람이 물었습니다.

"당신은 다시는 이 길을 지나가지 않을 것 아닙니까? 그런데도 꽃씨를 뿌리는 이유는 무엇입니까?"

여행자는 웃으며 말했습니다.

"물론 아마 저는 다시는 이곳에 오지 못할 것입니다. 하지만 봄은 분명히 다시 옵니다. 그때가 되면 사람들은 아름다운 꽃을 보겠지요."

배려는 내가 남에게서 받기 전에 남에게 먼저 주는 것입니다.

배려는 비를 맞고 걸어가고 있는 사람에게 우산을 씌워 주는 일입니다.

배려는 내가 가지고 있는 과자를 함께 나누어 먹을 수 있는 것입니다.

배려는 이처럼 아주 작은 것이지만 그것이 가진 힘은 엄청납니다.

다른 사람에게 베풀 줄 모르는 사람은 다른 사람에게서 받을 수 없답니다.

배려.

그것은 내 마음과 다른 사람의 마음을 이어 주는 길이랍니다.

John Powell

선물이 의미하는 것은 자신이 가진 좋은 것들을
사랑하는 사람과 함께 나누고 싶어하는 마음이다.

A present represents the best things
that I like to share with my loved ones.

존 포웰

한 사람이 다른 사람에게 무언가를 주는 것이 선물입니다.

선물은 사람의 마음을 기쁘게, 감동받게 하고 그 사람을 기억에 남게 만듭니다.

즉 다른 사람의 마음을 헤아려 나의 마음을 담아 주는 프로젝트라고 할 수 있지요.

우리는 선물이란 이야기만 들어도 가슴이 뜁니다.

그런데 여러분이 잘못 생각하고 있는 것이 하나 있어요.

'선물 = 물건'이라는 생각이지요.

선물은 꼭 물건일 필요는 없답니다.

마음일 수도 있고, 말일 수도 있고, 배려일 수도 있고, 사랑일 수도 있습니다.

우리가 선물을 좋아하는 이유는 선물 안에 담긴 그 사람의 정성을 느낄 수 있기 때문이랍니다.

주는 사람의 마음과 정성이 담겼을 때 감동은 두 배가 되는 법이랍니다.

친구에게 적어 주는 우정의 엽서 한 장, 부모님을 껴안으며 "사랑해요."라고 나지막이 말하는 것.

그런 것도 아주 큰 선물이 된답니다.

받는 사람도 기쁘고, 주는 나도 기뻐지는 이 선물.

오늘 당장 친구와 부모님께 그 선물을 해보는 건 어떨까요?

Benjamin Franklin

사랑받고 싶다면 사랑하라,
그리고 사랑스럽게 행동하라.

If you would be loved, love and be lovable.

벤저민 프랭클린

Marlene Dietrich

나는 한 신문으로부터 '다른 사람에게서 사랑받는 방법'에
대한 원고를 청탁받았을 때
다음과 같은 간명하면서도 확실한 한마디를 써 주었다.
"먼저 사랑하시오."

When I was asked to write a column
about a method of being loved by others in a
newspaper, I wrote them one simple,
but definite word.
"Love first."

마를린 디트리히

The Daily Book of Positive Quotations

사람에게는 줄 수 있는 것과 줄 수 없는 것이 있답니다.

줄 수 있는 것은 자기가 가지고 있는 것이어야 합니다.

없는 것을 줄 수는 없는 법입니다.

마찬가지랍니다.

사랑을 주려면 자신이 사랑을 가지고 있어야 한답니다.

주어야 받을 수 있는 것이 세상이랍니다.

우리가 이것을 영어로 말할 때에도 'Give & Take(주고 받기)'라고 한답니다.

'Take & Give(받고 주기)'라고 쓰지 않지요.

먼저 주어야 받을 수 있기 때문이지요.

친구를 사귀고 싶다면 먼저 친구가 되어 주어야 하고, 사랑을 받고 싶으면 먼저 사랑을 줄 줄 아는 사람이 되어야 하지요.

우정도 사랑도 먼저 받기만 기다려서는 절대 오지 않는답니다.

기다릴 게 아니라 먼저 주세요.

사랑도, 우정도.

Zig Ziglar

당신이 한 손가락으로 남을 비난하고 있을 때,
당신의 나머지 세 손가락은
당신을 향해 있다는 것을 명심하라.

When you criticize others with one finger,
the rest of your three fingers are
pointing at you.

지그 지글러

The Daily Book of Positive Quotations

한 여인이 자신의 집 맞은편에 사는 여인을 늘 비난했습니다.
자신의 친구가 집에 놀러 오자 앞집을 가리키며 말했습니다.
"저 여자는 얼마나 게으른지 몰라. 저 집에 걸린 빨래를 봐. 얼룩이 져 있잖아. 항상 저렇게 집을 더럽게 해둔단 말이야."
그러자 친구는 자리에서 일어나 그 여인의 집 창문을 닦은 후 말했습니다.
"잘 봐. 저 집이 더러운 게 아니라 네 창문이 더럽혀져 그렇게 보이는 것뿐이야."
우리는 자주 다른 사람을 비난하곤 합니다.
하지만 사실 상대방이 아니라 내가 잘못 생각하고 있을 경우가 더 많답니다.
비난은 상대방을 망치는 일 같지만 사실은 나를 망치는 일입니다.
비난은 결국 던지면 다시 날아와 자신을 명중시키는 부메랑 같은 것이지요.
한 번 더 생각해 보고, 두 번 더 생각하고 말하는 습관을 들이세요.
그러면 아마 세상의 비난은 절반으로 줄어들 거예요.

Stephen Gravel

나는 이 세상을 오직 한 번만 산다.
그러므로 내가 할 수 있는 어떤 선한 일이나,
내가 어떤 사람에게 베풀 수 있는 어떤 친절이 있다면,
나는 그 일을 지금 한다.
나는 그것을 미루거나 소홀히 하지 않는다.
나는 이 길을 다시 통과하지 않을 것이기 때문이다.

I live only once therefore if there's anything
I can do to help others and be kind to others,
I will do it now.
I won't put it off or be careless because
I know I will never walk this path again.

스티븐 그레이블

The Daily Book of Positive Quotations

돼지 한 마리가 암소에게 이렇게 불평했습니다.
"암소야, 왜 사람들은 나는 싫어하고 너만 좋아하는 걸까? 나는 사람들에게 많은 것을 주잖아. 사람들은 내 고기로 햄을 만들고, 구워 먹잖아. 그리고 창자를 빼내서 순대를 만들고, 발로 족발도 만들어 먹잖아."
암소는 피식 웃으며 말했습니다.
"너는 죽어서만 사람들에게 좋은 일을 하잖아. 하지만 나는 살아 있을 때도 사람들을 위해 일하고 맛있는 우유도 주잖아. 그래서 사람들은 나를 좋아하고 너는 싫어하는 거야."
만일 누군가에게 칭찬할 일이 있다면 바로 지금이 칭찬해 주어야 할 시간이랍니다.
만일 누군가에게 친절을 베풀어야 한다면 바로 지금이 그때랍니다.
할 일이 있다면 다음이 아니라 지금 하세요.
과거는 이미 지나가 버렸고, 미래에는 어떤 일이 일어날지 알 수 없답니다.
지금. 생각하고 계획한 것은 모두 지금 이 시간에 하세요.
지금이야말로 나를 훌륭한 사람으로 만들어 주는 황금 시간이니까요.

The Daily Book of Positive Quotations

마음 부자가 가장 큰 부자이다
The wealthiest are those with the richest hearts

Herbert Evatt

나는 좋은 구두가 없어서 울적해 있었다.
길거리에서 두 다리가 없는 사람을 만나기 전까지는.

I was depressed about not having
a good pair of shoes
until I met a person without any legs.

허버트 에벗

The Daily Book of Positive Quotations

백지 한 장을 꺼내어 연필을 들고 '나에게 가장 소중한 것들'을 적어 보세요.
천천히 하나씩 적어 보세요.
가족, 친구, 건강한 몸, 학교 등 자신이 가장 소중하게 여기는 것들을 적어 보세요.
다 적었다면 연필을 가지고 그것 중 하나에 ×를 해보세요.
그리고 눈을 감고 상상해 보세요.
'지금 내게 이것이 없다면 어떻게 될까?'
끔찍하지 않나요?
그것들이 없다면 너무나 슬퍼지겠죠?
이처럼 사람은 자신이 가지고 있는 것의 소중함을 자주 잊고 삽니다.
우리는 왜 자신이 가진 것의 소중함을 모를까요?
우리는 왜 자신이 얼마나 행복하다는 사실을 잊고 살아가는 걸까요?
잊지 마세요.
지금 자신의 곁에 있는 것들이 가장 소중하고, 아름다운 것이라는 사실을.

E. Stanley Jones

'걱정'이란
인생이라는 기계를 고장 나게 하는 모래알이다.

Fear is the sand in the machinery of life.

E. 스탠리 존스

The Daily Book of Positive Quotations

신은 사람을 만들 때 하나도 필요 없는 것을 만들지 않았어요.

우리의 몸, 마음 등 어느 것 하나 필요 없는 것이 없지요.

하지만 안타깝게도 신은 사람에게 필요 없는 것을 하나 만들었어요.

사람이 살아가는 데에 가장 필요 없는 것.

그것은 바로 '걱정'입니다.

어떤 작가는 걱정에 대해 이렇게 이야기했어요.

"사람들이 하는 걱정의 90퍼센트 이상은 실제로 일어나지 않는다. 설사 그것이 실제로 일어나더라도 다들 슬기롭게 극복한다. 그리고 그로부터 삶의 기쁨을 맛본다. 그런데 세상에는 왜 걱정이라는 상품이 날개 돋친 듯 팔리는 것인가?"

'걱정'은 어떤 문제도 해결해 준 적이 없습니다.

'걱정'은 시간을 허비하게 만들고, 사람의 열정을 없애 버리고, 마음을 아프게 만들어 버립니다.

우리의 인생을 고장 내는 암 같은 존재가 바로 걱정이에요.

이제 더이상 아무 해결 방법도 가르쳐 주지 않는 '걱정'을 미리 하지 마세요.

걱정 대신에 희망을, 걱정 대신에 도전 정신을, 걱정 대신에 실천을 내 마음의 주인공으로 바꾸세요.

T. Swite

가장 행복한 사람은
가장 유쾌한 생각을 하는 사람이다.

The happiest person is the person
who thinks the most interesting thoughts.

T. 스와이트

The Daily Book of Positive Quotations

'행복한 사람'은 모든 사람들이 꾸는 꿈입니다.
물론 "나는 성공한 사람이 될 것이다." "나는 유명한 사람이 될 것이다."라고 이야기하는 친구들도 있을 거예요.
하지만 성공하고, 유명해지는 것이 결국 행복한 사람이 되기 위해서일 것입니다.
행복한 사람이 되는 길은 어쩌면 평범한 것일지 모릅니다.
많이 웃고, 자신의 생활에 만족하고, 무슨 일이든 긍정적으로 생각하는 사람.
그 사람이 곧 행복한 사람입니다.
많은 돈을 가지고 있고, 높은 지위에 올라 있더라도 웃을 줄 모르고 부정적인 생각을 가지고 있는 사람이라면 그 사람의 생활은 불행 그 자체입니다.
유쾌한 생각, 유쾌한 마음, 유쾌한 생활.
해피 바이러스.
그것이 여러분을 행복 열차에 실어 준답니다.

Langston Hughes

꿈을 버리지 마십시오.
만일 우리에게서 꿈이 사라져 버린다면 우리 인생은
날개 부러진 새의 날 수 없는 삶과 다를 바 없으니.

Hold fast to your dreams,
for without them life is a broken winged bird
that cannot fly.

랭스턴 휴스

The Daily Book of Positive Quotations

깜깜한 밤이 되어 집으로 들어와 본 경험이 있을 거예요.

집안이 온통 깜깜해서 한 걸음도 앞으로 나아갈 수 없지요.

그러다가 스위치를 '딸깍' 하고 켜면 어떻게 되나요?

방 안이 환하게 밝아지고, 자신이 원하는 곳으로 어디든 갈 수 있게 됩니다.

우리의 인생의 불을 환하게 밝혀 주고, 자신이 원하는 곳 어디로든 갈 수 있게 만들어 주는 것.

그것이 바로 '꿈'입니다.

꿈이 없는 사람은 날개가 부러져 날 수 없는 새처럼 불쌍한 사람입니다.

꿈이 없는 사람은 건전지가 다해 더이상은 앞으로 나아가지 않는 모형 자동차 같은 사람입니다.

자신의 가슴에 꿈 하나를 새겨 두고 살아가세요.

힘들고, 지치고, 포기하고 싶은 마음이 들 때면 스스로에게 이렇게 물어보세요.

'네 꿈은 뭐니? 그 꿈을 이루기 위해 너는 지금 무엇을 하고 있니?'

그래서 꿈을 향해 다시 두 주먹을 불끈 쥐고 달려가는 여러분이 되세요.

Barry Farber

우리 모두가 어마어마한 잠재력을 지닌
'다듬어지지 않은 다이아몬드'이다.

Every one of us is a rough diamond
who has tremendous potential.

배리 파버

The Daily Book of Positive Quotations

사람들에게는 누구나 좋은 소식이 하나 있고, 나쁜 소식이 하나 있답니다.

좋은 소식이란 자기 자신이 얼마나 위대해질 수 있는지, 자신의 잠재력이 얼마나 큰지 모를 만큼 한계가 없다는 것입니다.

나쁜 소식이란 이런 엄청난 사실을 잊고 살아가는 사람이 많다는 사실이랍니다.

여러분은 좋은 소식과 나쁜 소식 중 어느 소식을 알고 있는 사람인가요?

좋은 소식을 늘 기억하는 내가 되어야겠죠?

여러분은 모두 '다듬어지지 않은 다이아몬드'랍니다.

다이아몬드는 작지만 엄청나게 비싸고 값어치가 있습니다.

그런데 다듬어지지 않은 다이아몬드는 길가에 돌아다니는 평범한 돌멩이에 불과하답니다.

그것을 갈고 닦을수록 엄청난 값어치를 지니게 되지요.

지금은 비록 작은 돌멩이에 불과한 나.

하지만 나는 어마어마한 잠재력을 지닌 미래의 다이아몬드입니다.

땀과 노력이라는 두 단어로 세계 최고의 다이아몬드가 되도록 노력하세요.

Harry Beckwith

더 잘하려고만 생각하지 마라.
다르게 생각하라.

Don't try to do better.
Think differently.

해리 벡위드

The Daily Book of Positive Quotations

50년 전과 지금과의 생활 모습을 비교해 보세요.
휴대 전화, 컴퓨터, 할인 마트 같은 것들은 그 당시에는 없었습니다.
15년 전과 비교해 봐도 스마트폰, MP3 같은 것은 세상에 없던 물건들입니다.
예전에는 상상할 수 없었던 것들이 세상에 나타났고 그것들로 우리는 아주 편리한 세상에서 살고 있답니다.
그렇게 될 수 있었던 이유는 '다르게 생각하는 사람'들 때문이었습니다.
있을 수 없는 일이라던 전구를 발명했던 에디슨, 아무도 거들떠보지 않던 컴퓨터 사업을 시작했던 빌 게이츠, 누가 그런 걸 돈을 주고 사냐며 비웃던 컴퓨터 백신을 만든 안철수.
그들은 남들과 다른 생각을 했고, 그 생각들로 세상을 뒤바꾸었습니다.
남들보다 더 잘하는 것도 중요합니다.
하지만 자신만의 상상력으로 남들과는 다르게 생각하는 것 또한 중요하답니다.
혹시 아나요?
여러분의 다른 생각으로 세상이 더욱 발전하는 놀라운 일이 벌어질지 말이에요.

William R. Benett

책은 인생이라는 바다를 항해하는 데에 도움이 되도록
남들이 마련해 준 나침반이요, 망원경이요, 지도이다.

A book is a compass, map, and binoculars
provided from others in order to help
sailing the difficult ocean.

윌리엄 R. 베넷

The Daily Book of Positive Quotations

컴퓨터의 황제 빌 게이츠.

그는 컴퓨터를 통해서 최고의 기업인이 되었고, 세계에서 1, 2위를 다투는 부자가 되었습니다.

그는 자신의 성공의 비결을 이렇게 이야기했답니다.

"내가 살던 작은 마을의 도서관이 오늘날의 나를 만들었다. 나는 지금까지 아무리 바빠도 매일 한 시간씩, 주말에는 두세 시간씩 책을 읽는다. 컴퓨터는 결코 책을 대신할 수 없다."

독서. 그것은 여러분에게 가장 필요한 공부입니다.

책벌레, 독서광이 되지 않고는 결코 훌륭한 어른이 될 수 없는 법이에요.

인생은 결코 잔잔한 바다가 아니랍니다.

거친 파도와 폭풍우를 만나게 되는 험난한 바다입니다.

그 인생의 바다에서 방향을 잃지 않고 목표하는 곳에 도착하게 해주는 나침반 역할을 하는 것이 바로 독서입니다.

희망을 갖게 해주는 망원경 역할을 해 주는 것이 독서고, 어떤 방식으로 그 목적지에 가야 하는지 알려 주는 지도 같은 역할을 해 주는 것이 독서입니다.

Andrew Lang

책으로
한 나라의 상당 부분을 다닐 수 있다.
You can cover a great deal of country in books.

앤드루 랭

Yogi Berra

그래, 나는 못생겼다.
하지만 그래서 어쨌다는 말인가.
나는 야구 선수일 뿐이다.
나는 얼굴로 안타를 치는 녀석을 본 적이 없다.

So I'm ugly.
So what?
I'm a baseball player.
I never saw anyone hit with his face.

요기 베라

The Daily Book of Positive Quotations

요즘 외모에 너무 많은 신경을 기울이는 친구들을 볼 때가 있답니다.
외모로 다른 사람을 판단하는 친구들을 볼 때도 있답니다.
외모만큼 중요한 것이 자신의 마음과 자신의 능력이랍니다.
외모를 가꾸는 데에는 많은 시간과 많은 돈을 들이면서 자신의 마음을 닦고 능력을 기르는 데에는 인색한 사람이 있어요.
그런 사람들은 알맹이가 아무것도 든 것이 없는, 포장지만 근사한 선물 상자 같은 사람들이랍니다.
그 포장지를 벗기고 나면 보잘것없는 것이 들통나 버리지요.
자신의 마음이 아름답고 능력이 뛰어난 사람은 포장지는 그럴싸하지 않지만 그 안에는 다이아몬드처럼 귀중한 것이 들어 있는 선물 상자 같지요.
외모는 깔끔하고, 깨끗하고, 단정하면 됩니다.
자신의 마음과 자신의 능력을 기르는 데에 더 많은 시간과 노력을 투자하는 여러분이 되세요.

요기 베라는 미국의 프로 야구 선수입니다. 명문 야구 팀 '뉴욕 양키스'의 대표적인 포수입니다. 그는 야구 선수로서는 작은 키인 173센티미터였지만 뛰어난 실력을 가지고 있었던 선수입니다.

Michael Crichton

네 살갗에 햇빛을 느껴?
그건 모두 진짜야. 인생은 멋진 거야.
살아 있다는 것, 해를 보고 공기를 숨 쉰다는 건 선물이지.

Do you feel the sunshine?
Everything is real.
Life is wonderful. Being alive, looking at the sun
and breathing air are splendid presents.

마이클 크라이튼

The Daily Book of Positive Quotations

두 다리로 걸을 수 있다는 것은 기적 같은 일입니다.

두 팔을 움직일 수 있다는 것은 축복 같은 일입니다.

볼 수 있고, 말할 수 있다는 것은 내 인생의 눈물겹도록 고마운 일입니다.

우리는 왜 모르고 있을까요?

삶은 멋진 선물이라는 것을.

우리는 왜 잊고 살아가고 있을까요?

삶이 주는 멋진 축복들을.

세상에 당연한 것은 하나도 없습니다.

당연한 것을 누리지 못하고 사는 사람도 수없이 많습니다.

그럼에도 절망하지 않고 아름답게 살아가고 있답니다.

한번 되돌아보세요.

지금 자신이 내뱉고 있는 불만들.

그것이 얼마나 행복에 겨운 투정인지를.

마이클 크라이튼은 하버드 의과 대학을 졸업했지만 작가가 된 사람입니다. 그의 책은 영화로도 널리 알려졌습니다. 가장 잘 알려진 작품으로는 스티븐 스필버그가 영화화한 〈쥬라기 공원〉이 있습니다.

Robert H. Schuller

비관주의자는 말한다.
"나는 그것을 볼 때 믿을 것이다."
낙관주의자는 말한다.
"믿을 때 나는 그것을 보게 될 것이다."

A pessimist says
"I'll believe it when I see it."
An optimist says
"I'll see it when I believe it."

로버트 H. 슐러

The Daily Book of Positive Quotations

비관주의자는 모든 것을 부정적으로 보는 사람입니다.

낙관주의자는 모든 것을 긍정적으로 보는 사람입니다.

비관주의자는 모든 것을 '불가능하다.'라고 생각하는 사람입니다.

낙관주의자는 모든 것을 '가능하다.'라고 생각하는 사람입니다.

비관주의자는 '나는 할 수 없다.'라고 믿는 사람입니다.

낙관주의자는 '나는 할 수 있다.'라고 믿는 사람입니다.

그런데 비관주의자와 낙관주의자에게는 신기한 점이 한 가지 있답니다.

비관주의자와 낙관주의자 모두가 자신이 생각하고, 자신이 믿는 대로 이루어진다는 사실입니다.

비관주의자의 인생에는 늘 우중충한 흐린 날씨가 계속되는 법이랍니다.

반면에 낙관주의자의 인생에는 아름다운 무지개가 뜨는 법이랍니다.

그런데 한 가지 참 다행스러운 일이 있어요.

비관주의자가 되고, 낙관주의자가 되는 것은 순전히 자신의 선택에 달려 있다는 것이지요.

여러분은 어떤 사람이 되고 싶은가요?

당연히 낙관주의자를 선택해야겠죠?

Thomas Jefferson

화가 나면 열까지 헤아리고,
아주 화가 나면 백까지 헤아려라.

Count to ten if you get angry.
Count to hundred if you get very angry.

토머스 제퍼슨

The Daily Book of Positive Quotations

화는 산꼭대기에서 굴리는 눈송이와 같습니다.
손으로 작은 눈송이를 만들어서 굴려 보세요.
그 눈송이는 산꼭대기에서 내려오면서 점점 커집니다.
눈송이가 눈뭉치가 되고, 사람보다 더 큰 눈 덩어리가 되고 만답니다.
화도 마찬가지이랍니다.
처음에는 작게 화를 내도 그것은 점점 커진답니다.
점점 커져 마침내 자기 자신까지 삼켜 버리고 말지요.
그렇다면 화를 작게 만드는 방법은 무엇일까요?
그것은 화에게 관심을 주지 않는 것입니다.
화가 나면 마음속으로 하나에서 열까지 헤아려 보세요.
그러면 커다랗던 화는 조금 작아져 있을 거예요.
그래도 화가 자신을 괴롭힌다면 다시 하나에서 백까지 헤아려 보세요.
그러면 자신을 괴롭히던 화가 어느새 사라진 것을 느낄 거예요.

토머스 제퍼슨은 미국의 제3대 대통령입니다. 뛰어난 학자이기도 했던 그는 많은 사람들에게 영향을 주어 '몬티첼로의 성인'으로 불렸습니다.

Paul J. Meyer

생생하게 상상하고, 간절하게 소망하고,
진심으로 믿고, 열성을 다해 행동하면
반드시 이루어진다.

Your dreams will come true if you imagine vividly,
desire eagerly, believe sincerely,
and act enthusiastically.

폴 J. 마이어

The Daily Book of Positive Quotations

한 소년이 있었습니다.

그 소년은 열두 살 때 소아마비에 걸려 양팔을 쓸 수 없게 되는 불행을 맞았습니다.

절망해 있는 소년에게 어머니가 말했습니다.

"얘야, 네 인생은 손이나 팔에 있는 게 아니란다. 네 머리와 가슴에 있는 것이란다. 네가 간절히 원한다면 무슨 일이든 해낼 수 있단다."

소년은 넓은 운동장을 뛰고 싶은 욕망이 생겼습니다.

육상부 코치를 찾아가 이렇게 말했습니다.

"달리기를 하고 싶습니다. 저 운동장을 마음껏 뛰고 싶습니다."

코치는 계속해서 거절했지만 마침내 육상부에 들어갔습니다.

피나는 훈련 끝에 그는 육상 대회에 출전했습니다.

흔들리는 팔을 몸에 묶고 달렸습니다.

꼴찌였지만 그는 누구보다도 큰 박수를 받았습니다.

'간절하게 원하면 무엇이든 이루어지는구나.'

그 소년은 자신이 원하는 일을 간절하게 해내기 시작했습니다.

에이크라는 이름의 그 소년은 결국 훗날 미국의 하원위원까지 되었습니다.

생생하게 상상하고, 간절하게 원하면 그것은 반드시 이루어지는 법입니다.

무엇이 못 되고, 무언가 못하는 것은 자신이 간절하게 원하지 않기 때문이랍니다.

무언가를 하고자 한다면 생생하게 상상하고, 간절하게 원하세요.

Robert H. Schuller

그대의 꿈을 믿고 실패를 두려워하지 말기를.
오히려 그대가 아무 일도 하지 않고
나중에 신 앞에 섰을 때, 신께서 그대에게
자신감만 조금 더 있었다면 성공할 수 있었노라고
말씀하실 그날을 두려워하기를.

Believe in your dreams and do not fear failure.
Fear the day you will face
God without doing anything because
he'll say you could have been successful
if you had been more confident.

로버트 H. 슐러

The Daily Book of Positive Quotations

성공하는 사람과 실패하는 사람 사이에는 한 가지 차이가 있습니다.

그것은 돈도 아니고, 머리도 아니고, 재능도 아니랍니다.

성공하는 사람이 가지고 있는 것은 바로 자신감입니다.

머리에서 발끝까지 나를 빛나게 만드는 옷.

그것은 바로 자신감이라는 옷이랍니다.

먼저 자신을 곰곰이 살펴보세요.

여러분은 세상을 움직인 위인들이 가졌던 것을 모두 가지고 있답니다.

두 팔과 두 다리, 두 손과 두 눈. 그리고 머리.

위인들은 여러분과 똑같은 것을 가지고 있었지만 자신감이라는 마음이 더해지면서 위인의 자리에 설 수 있었습니다.

세상에서 가장 강력한 성공 방정식은 '나는 할 수 있다.'는 자신감이랍니다.

고개 숙이지 말고, 밝은 얼굴로 어깨를 쫙 펴고 당당하게 걸어 보세요.

자신감을 나의 가장 친한 친구처럼 항상 곁에 두세요.

그리고 잊지 마세요.

'나는 할 수 있다.'

바로 그 생각이 나를 할 수 있게 만들어 주는 만능 열쇠라는 사실을.

Victor Marie Hugo

신은 모든 사람의 이마에 희망이라는 단어를 새겨 주었다.

The God engraved the word hope on everyone's forehead.

빅토르 마리 위고

The Daily Book of Positive Quotations

친구 두 명이 햇살이 뜨겁게 내리쬐는 사막을 여행하고 있었습니다.
"야, 우리 그만 여행하는 게 어때?"
"힘들지, 하지만 여기서 포기할 순 없잖아."
그런데 사막을 여행하다 보니 눈앞에 무덤이 보였습니다.
한 친구가 절망하며 말했습니다.
"이제 올 것이 왔어. 여기 무덤에 있는 사람들도 우리처럼 지쳐서 결국 죽어 버린 걸 거야."
반면에 다른 친구는 이렇게 말했습니다.
"무덤이 여기에 있다는 건 멀지 않은 곳에 마을이 있다는 증거야. 서둘러 가자."
조금 더 걸어가자 마침내 마을이 나타났습니다.
똑같은 상황에서 한 명은 절망을 보았고, 한 명은 희망을 보았던 것이지요.
어떤 일을 포기하고 싶어지고, 계속해서 실패만 되풀이하면 스스로에게 희망이라는 주사를 한 대 놓아 주세요.
희망 세상의 많은 문제들을 해결해 주는 특효약이 되어 주니까요.

빅토르 위고는 프랑스의 뛰어난 소설가입니다. 빵 한 조각을 훔쳐 19년 옥살이를 하다가 사랑에 눈 뜨고 새 삶을 찾게 된 장발장의 이야기 《레 미제라블》이 그의 대표작입니다.

Henry David Thoreau

사람이 자신의 꿈을 향해 자신감 있게 나아가고,
그가 상상했던 삶을 살아가고자 노력한다면,
그는 평범한 시간에 예기치 않게 성공을 만나게 될 것이다.

Go confidently in the direction of your dreams.
Live the life you have imagined.
Then, you will meet an unexpected success.

헨리 데이비드 소로

The Daily Book of Positive Quotations

어린이들의 꿈이 넘치는 곳.

미국 디즈니랜드.

그곳에 가면 입구에 이런 말이 새겨져 있습니다.

If you can dream it, you can do it.

(당신이 꿈을 꿀 수 있다면, 당신은 그것을 이룰 수 있다.)

자신이 원하는 꿈을 간절히 바라고 행동하는 것.

그것은 내 성공의 출발점입니다.

내 삶의 '꿈의 게시판' 하나를 새겨 두세요.

그리고 그것을 이루기 위해 해야 하는 행동과 노력 등을 적어 두세요.

그것을 자신의 책상 유리 사이에 끼워 두거나 자신의 책상 위에 붙여 두세요.

그리고 알라딘의 마술 램프에 주문을 하듯이 그 다짐들을 외쳐 보세요.

그러다 보면 꿈은 자꾸만 자신에게 다가온답니다.

이제 알겠죠?

간절하게 꿈꾸고, 그 꿈을 이룰 수 있다는 믿음을 가지고 행동하는 것.

그것이 꿈의 힘이 되어 준다는 사실을.

Henry David Thoreau

사람은 실패가 아니라
성공하기 위해 태어난다.

Men are born to succeed, not fail.

헨리 데이비드 소로

H. E. Fosdick

인간은 가능성의 보따리이다.
그의 인생이 끝나기 전에 그에게서
인생이 무엇을 꺼내는가에 따라 그의 가치는 정해진다.

Life consists of many possibilities.
Before his life ends, one's value is decided by
what kind of possibility he takes out from himself.

●

H. E. 포스딕

The Daily Book of Positive Quotations

열다섯 살 소년이 선생님에게 이런 말을 들었습니다.

"너는 이 학교를 졸업하기 어려울 것 같구나. 공부하기에 너의 머리는 너무 나쁘니 장사를 배우는 것이 어떻겠니?"

그는 선생님의 충고를 받아들여 여러 가지 일을 했지만 늘 인정받지 못했습니다.

그렇게 17년이라는 시간을 보냈습니다.

서른두 살이 된 그는 우연히 IQ 테스트를 했습니다.

그런데 놀라운 일이 벌어졌습니다.

그의 IQ가 무려 161이나 되는 천재였던 것입니다.

그 다음날부터 그는 바보가 아니라 천재처럼 행동하기 시작했습니다.

책도 쓰고, 특허도 낸 그는 국제 멘사 협회의 회장에까지 올랐습니다.

그의 이름은 빅터 세리브리아코프랍니다.

멘사 협회는 IQ 148 이상의 천재들만이 가입할 수 있는 단체랍니다.

세상에는 자신의 가치가 얼마나 큰지 깨닫지 못하고 사는 사람들이 참 많답니다.

그 사실을 모르고 산다는 것은 억울한 일이지 않나요?

여러분에게는 숨겨진 가능성의 보따리가 아주 많이 있답니다.

그 보따리를 활짝 펴는 여러분이 되세요.

S. R. N. Chamfort

내가 헛되이 살았다고 생각하는 때는
웃음이 없었던 날들이다.

The most wasted of all days is that on
which one has not laughed.

S. R. N. 샹포르

The Daily Book of Positive Quotations

일본에는 특이한 것이 있는 한 회사가 있다고 합니다.
'웃음 거울'이 바로 그것입니다.
그 회사에는 자신의 이름을 붙인 거울이 책상의 전화기 옆에 하나씩 있다고 합니다.
전화 벨 소리가 울리면 직원들은 거울을 한 번 보고 미소를 짓고 전화를 받습니다.
"치즈." 하고 웃고 난 후에 통화하면 친절한 목소리가 저절로 나온다고 합니다.
그 회사로 전화한 사람들은 직원들의 친절하고 밝은 모습에 그 회사에 대한 인상이 무척 좋아지고 덩달아 회사도 크게 발전하고 있다고 합니다.
그런데 이렇게 웃는 얼굴을 연습하니 직원들이 더 행복해졌답니다.
웃는 얼굴은 다른 사람들을 위한 것이 아니라 자기 자신의 행복을 위한 것이랍니다.
외국의 어느 나라에는 이런 속담이 있다고 합니다.
'네가 웃으면 세상도 웃는다. 네가 울면 너는 혼자다.'
슬플 때 크게 웃어 보고, 아무렇지도 않을 때 크게 웃어 보세요.
그렇게 웃다 보면 내가 세상에서 가장 행복한 사람으로 짠, 하고 변해 있을 테니까요.

Socrates

우리 모두의 불행을 한 곳에 모아서 쌓아 놓고
모두에게 가장 가벼워 보이는 불행을 가져가라고 하면
다들 자신의 불행을 찾아서는 만족스럽게 떠날 것이다.

If all unhappiness was laid in one common
pile and everyone was asked to take
the lightest unhappiness, most people
would be happy to take their own and leave.

소크라테스

The Daily Book of Positive Quotations

불평과 불만이 많은 사람들이 모여 사는 마을이 있었습니다.
"신은 왜 나에게만 이렇게 큰 문제를 주시는 거야?"
사람들의 불평이 하늘을 찔러 신이 문제를 해결해 주러 마을로 내려왔습니다.
신은 사람들을 커다란 소나무가 있는 광장으로 모아 불렀습니다.
"자, 이 소나무 가지에 자신이 안고 있는 고민을 모두 모아서 보따리에 담아 걸어라."
사람들은 자신의 고민을 모두 모아 걸었습니다.
"이제는 이 나무에 걸린 고민 중 제일 작은 것을 하나씩 가져가거라."
나무에 걸려 있는 다른 사람들의 고민을 살펴보던 그들은 갈등에 빠졌습니다.
그러더니 결국 각자 자신의 고민 보따리를 가지고 집으로 돌아갔습니다.
고민이 많다고 불평했지만 사실 자신의 고민이 가장 작고 가벼웠던 것입니다.
이처럼 사람은 누구나 자신의 고민이 가장 크다고 불평하고 불만을 가진답니다.
하지만 실제로 자신의 고민과 문제가 다른 사람보다 커서가 아니라 자신의 마음이 좁아서인 경우가 대부분입니다.
자신의 환경과 자신의 문제에 불평하고 불만을 가지는 습관을 버리세요.
그것이 행복의 나라로 가는 첫걸음이랍니다.

소크라테스는 고대 그리스의 철학자입니다. 인류 역사상 가장 위대한 철학자로 존경받고 있습니다. 우주의 원리에 관심을 가지고 있던 철학자들이 자기 자신에 대한 물음을 던지게 해주었습니다. "너 자신을 알라."라는 말로 유명합니다.

T. Fuller

만족은 연료를 더 넣는 데에 있지 않고
연료를 빼내는 데에 있다.
만족은 재산을 늘리는 데에 있지 않고
욕망을 줄이는 데에 있다.

Taking out fuel is more satisfying
than putting in more fuel.
The satisfaction is in cutting
the desire instead of getting rich.

T. 풀러

The Daily Book of Positive Quotations

인도의 한 마을에 온천이 펑펑 쏟아지는 곳이 있었습니다.
그 마을에는 얼음처럼 시원한 차가운 개울가까지 있었습니다.
그래서 마을의 여자들은 그곳에 와서 빨래를 했습니다.
빨래거리를 한 바구니 가져와 뜨거운 온천물에 삶아서 빨래를 했습니다.
그리고 시원한 개울물에 빨래를 헹구어 냈습니다.
그래서 편하고 빠르게 빨래를 할 수 있었습니다.
한 관광객이 그 마을에 갔다가 이 모습을 보고 부러워했습니다.
"와, 이렇게 편리하게 뜨거운 물과 찬물이 동시에 있는 곳은 거의 없는데, 신이 이 마을에 축복을 주셨군요."
그런데 빨래하던 여인들은 전부 시큰둥한 반응을 보였습니다.
그 관광객에게 이렇게 톡 쏘아 말하기까지 했습니다.
"신이 좋은 분이라면 우리에게 비누까지 주셨겠죠. 비누가 없으니 우리가 이렇게 불편한 것 아닙니까."
똑같은 것을 가지고 있는데 어떤 사람은 만족하고 어떤 사람은 불평합니다.
가진 것이 별로 없는데 만족하고, 가진 것이 많은데 불만스러운 사람이 있습니다.
둘 중 어느 사람이 더 행복할까요?
가지고 있는 것에 만족하는 사람은 아주 많은 것을 가지고도 만족하지 못하는 사람보다 몇 배나 더 행복한 법이랍니다.
알겠죠? 욕심만 버리면 행복과 만족이 내 것이 된답니다.

Cervantes Saavedra

정직만큼 풍요로운 재산은 없다.
하늘은 정직한 사람을 도울 수밖에 없다.
정직한 사람은 신이 만든 것 중 최상의 작품이기 때문이다.

Honesty is the best wealth.
Heaven has no choice but to help an honest man
because he is the best work that God has created.

세르반테스 사아베드라

The Daily Book of Positive Quotations

중요한 기말 시험 시간이 되었습니다.
담임선생님은 모든 친구들이 눈을 감게 하고 이렇게 말씀하셨습니다.
"여러분 앞에는 두 가지 시험이 있습니다. 하나는 기말 시험이고, 다른 하나는 '정직'이라는 시험입니다. 여러분은 이 두 가지 시험을 모두 통과하기 바랍니다. 하지만 시험 한 가지를 포기해야 한다면 기말 시험을 포기하세요. 인생에서는 기말 시험보다 정직 시험이 훨씬 중요하니까요."
영국 속담 중에 이런 말이 있답니다.
"하루만 행복하려면 이발하라. 일주일 동안 행복하고 싶거든 결혼하라. 한 달 동안 행복하려면 말을 사고, 한 해를 행복하게 지내려면 새 집을 지어라. 그러나 평생을 행복하게 지내려면 정직하여라."
물론 정직하게 생활하는 것이 쉽지만은 않답니다.
괜히 자신만 손해 보는 느낌이 들기도 하지만 그래도 여러분은 정직함을 잃지 않아야 한답니다.
평생을 살다 보면 결국 그것이 자신에게 훨씬 이익이 되고, 다른 사람에게도 이익이 되는 일이라는 사실을 깨닫게 될 테니까요.

세르반테스는 스페인의 소설가입니다. 그는 세금을 걷는 직업 등을 하며 몹시 가난하게 살았습니다. 감옥에 가기도 했던 그는 1605년 명작《돈키호테》를 남겼습니다.

Jeremy Taylor

우리가 불평하는 것은 우리의 문제가 커서가 아니라
우리의 마음이 좁기 때문이다.

The reason we complain is not
because our problem is huge
but because we are narrow-minded.

제레미 테일러

늘 불만족으로 가득 차 있는 사람이 있었습니다.
"우리 집은 왜 이 모양이야."
그 사람은 더 좋은 집을 찾아 다른 집으로 이사 가기 위해 부동산을 찾아갔습니다.
"저희 집을 팔아 주세요."
부동산 주인은 그 집의 구조와 시설을 잘 설명한 광고를 신문에 실었습니다.
다음날 그 사람은 급하게 부동산 사무실을 찾았습니다.
"집을 안 팔기로 했소."
"왜 갑자기 마음이 변했습니까?"
그는 숨을 헐떡이며 말했습니다.
"내가 이렇게 좋은 집에 살고 있는 줄 몰랐습니다. 내가 평생을 찾던 집이었는데 몰랐습니다. 오늘 광고를 보기 전까지 말입니다."
사람들은 자신이 얼마나 많은 것을 가지고 있는지 잘 알지 못합니다.
사람들은 자신이 얼마나 좋은 것을 가지고 있는지 잘 느끼지 못합니다.
남의 것이 더 커 보이고, 남의 것이 더 좋아 보이는 못난 안경.
그 안경을 벗어 버리세요.
불만은 내가 가진 것이 부족해서가 아니라 내 마음이 좁고 부족해서 생기는 것이니까요.

Allen Cohen

자신이 원하는 바를 얻어 내기 위한 첫 번째 단계는
이미 가진 것에 감사하고 축복하는 것이다.

The first step towards getting
what I want is to thank and
bless what I already have.

앨런 코헨

The Daily Book of Positive Quotations

클린트 이스트우드는 80살이 넘은 나이에도 열정을 잃지 않고 활동하고 있는 영화 배우 겸 영화 감독입니다.
그는 2005년 아카데미 영화제에서 〈밀리언 달러 베이비〉라는 영화로 감독상을 받는 영예를 안았습니다.
그때 그는 이런 인사말로 사람들의 우레와 같은 박수를 받았습니다.
"아직도 일한다는 것이 기쁩니다. 96세인 어머니가 살아 계시다는 것이 기쁩니다. 젊은 유전자를 가지고 있는 것에 감사합니다."
감사할 줄 모르는 사람 중에 행복한 사람은 없습니다.
매슈 헨리라는 사람은 심지어 강도를 당한 후에 이런 감사하는 마음까지 가졌다고 합니다.
'전에는 이런 일이 없이 무사했던 것에 감사합니다. 돈만 가져가고 목숨은 가져가지 않았음에 감사합니다.'
감사할 줄 모르고 행복한 사람은 없답니다.
내 자신이 가지고 있는 것, 내 주위에 있는 것에 대한 감사.
그것이 내 얼굴을 스마일로 만드는 첫 번째 조건입니다.

Jessica Powers

나는 일어나 말한다.
아침, 반가워! 어서 내게로 와.
오늘은 어떤 멋진 일이 벌어질까?

Hail to the morning!
Come down to me my beautiful unknown.

●

제시카 파워즈

The Daily Book of Positive Quotations

아침에 눈을 뜨면 신선한 공기와 함께 하루를 시작할 수 있는 것에 감사하고, 밤에 잠자리에 들 때에는 걱정 근심 없이 하루를 마감할 수 있는 것에 감사하세요.

"아침이 오면 어떤 일이 생길지 설렌다. 그래서 눈을 뜨고 자리에서 일어나게 된다."
한 회사의 회장님이 이렇게 말했답니다.

거꾸로 생각해 보세요.

'어휴, 또 아침이 되었네. 오늘은 어떻게 하루를 견뎌 낸담? 골치 아파 죽겠네.'

이렇게 생각하는 사람의 하루는 어떨까요?

당연히 짜증과 불만이 가득한 하루가 되겠지요.

미루어 놓은 하기 싫은 숙제처럼 아침을 맞지 마세요.

반가운 친구처럼 아침을 맞이하세요.

오늘 하루도 세상에 대한 감사 인사와 함께 시작하세요.

세상에 많이 감사할수록 세상은 나에게 더 많은 선물을 주니까요.

Catherine Pile Hayne

젊은이들에게 해 줄 직업에 관한 충고 가운데
가장 좋은 것은 다음과 같은 것이다.
"네가 가장 좋아하는 일을 찾아라."

The best advice
for the young men about a career is
"do what you like best."

캐서린 파일 헤인

아마존닷컴은 세계 최고의 인터넷 서점입니다.

문을 연 지 10년도 되지 않아 엄청난 성장을 거둔 회사랍니다.

아마존닷컴의 경영 철학은 이렇습니다.

"열심히 일하라. 즐겨라. 역사를 만들어라."

그렇습니다.

열심히 일하되 즐기는 것.

자신이 좋아하는 일을 하는 것.

그것은 직업을 가지거나 일을 할 때 너무도 중요합니다.

에디슨은 발명을 좋아했습니다.

라이트 형제는 비행기를 좋아했습니다.

포드는 자동차를 좋아했습니다.

자신이 좋아하는 일을 했기에 그들은 더욱 잘했고, 더욱 열심히 할 수 있었습니다.

여러분도 미래에는 직업을 선택해야 한답니다.

그 직업을 선택하기 위해 데이비드 켈리가 2001년 보스턴 대학교 법과 대학 졸업식장에서 한 이 말을 늘 가슴에 새기며 생활하세요.

"여러분이 '되고' 싶은 것을 정하지 마십시오. 대신 여러분이 '하고' 싶은 것을 정하십시오. 아주 간단한 말처럼 들리지만 대다수는 뭔가가 되겠다는 일념으로 정말로 하고 싶은 일이 아닌, 분명히 다른 일을 하게 될 것입니다."

Henriette Anne Klauser

삶은 당신이 기록한 대로 펼쳐진다.
가장 중요한 것은 믿음이다.
종이와 펜을 잡고 일단 쓰기 시작하면 머지않아
당신은 당신이 바라는 대로 진짜 그렇게 된다.

Life is extended as you record it.
The most important thing is trust.
Start writing with a pen and paper;
you'll soon be what you wish for.

헨리에트 앤 클라우저

The Daily Book of Positive Quotations

여러분에게는 꿈이 있을 것입니다.

커서 어떤 사람이 되겠다는 꿈.

그 꿈이 이루어지게 하는 마법의 방법을 알고 싶지 않으세요?

그 마법의 방법은 적어 보는 것입니다.

'에이, 적는 게 무슨 효과가 있겠어?'

이렇게 생각할 거예요.

하지만 무언가를 적는다는 것은 단지 손 운동에 그치지 않는답니다.

적는 것은 자신의 뇌와 대화하는 것과 같은 행동이랍니다.

적다 보면 뇌의 기억에 관한 부분이 작동하여 자신도 모르는 사이에 외워집니다.

그리고 두뇌 또한 발달하는 효과가 있답니다.

자신의 꿈도 글로 기록해 두면 이루어지게 해 주는 마법 효과가 있지요.

꿈을 날짜와 함께 적어 보세요.

그러면 그것은 목표가 됩니다.

그 목표를 잘게 나누어 보세요.

그러면 그것은 계획이 됩니다.

그 계획을 실행에 옮기면 꿈은 실현되는 법입니다.

자, 이제 책상 앞으로 달려가세요.

그리고 종이 한 장을 꺼내세요.

진지하게 자신의 꿈을 종이에 적기, 시작!

Bill Rosenberg

누구나 긍정적인 사고방식으로
하루하루를 열심히 살아가면
좋은 결과를 기대하는 마음이 생긴다.

Everyone who practices positive thinking
every day should expect good results.

빌 로젠버그

필리핀에는 티자데이라는 부족이 있다고 합니다.

그 부족은 부자는 아니라도 행복하게 살아간다고 합니다.

그들에게 특이한 점은 그 부족의 말 중에는 '전쟁', '싫어하다', '미워하다' 같은 단어가 없다는 것입니다.

부정적인 단어를 사용하지 않는 것이지요.

긍정적인 말과 긍정적인 생각을 하는 사람의 미래는 무지갯빛으로 찬란한 인생이 펼쳐집니다.

반면에 부정적인 말과 부정적인 생각을 하는 사람의 미래는 어두운 암흑 같은 인생이 펼쳐집니다.

사람의 말과 생각은 자석과 같은 성질을 가지고 있기 때문이지요.

긍정적인 생각을 많이 할수록 자신의 인생은 좋은 방향으로 끌려간답니다.

자신의 머리를 컴퓨터로 생각해 보세요.

나의 머리는 어떤 단어를 자주 검색하나요?

부정적인 생각과 말인가요?

아니면 긍정적인 생각과 말을 검색하나요?

모든 것에서 긍정적인 것을 찾아내는 사람.

그 사람의 인생에는 아름다운 성공 교향곡이 연주되는 법이랍니다.

Publilius Syrus

스스로 행복하다고 생각하지 않는 사람은
행복하지 않다.

No man is happy who does not think himself so.

퍼블릴리어스 사이러스

Desmond Tutu

당신만 느끼고 있지 못할 뿐
당신은 매우 특별한 사람입니다.

You are the only one who doesn't realize
that you are very special.

데스몬드 투투

The Daily Book of Positive Quotations

한 레스토랑에서 젊은이가 피아노를 치고 있었습니다.
"야, 저 친구 피아노를 상당히 잘 치는걸."
사람들은 그 젊은이의 피아노 실력에 감동을 받았습니다.
그때 손님 중 한 명이 불쑥 이렇게 말했습니다.
"자네, 피아노 치면서 노래도 한번 불러 보게."
그러자 그 젊은이는 곤란한 표정을 지었습니다.
"저는 피아노만 쳐 왔습니다. 제 노랫소리를 들으면 불편하실 거예요."
"그래도 한번 불러 보게."
젊은이는 마지못해 노래를 불렀습니다.
그런데 노래가 끝나자 사람들은 박수를 쳤습니다.
"노랫소리도 듣기 좋은걸. 더 연습하면 잘하겠는걸!"
젊은이는 놀랐습니다.
자신에게 노래를 잘 부르는 재능이 있다는 사실을 깨닫지 못했던 것입니다.
젊은이는 그 다음 날부터 열심히 노래 연습을 했습니다.
그 젊은이는 훗날 미국 최고의 인기 가수가 된 냇 킹 콜이랍니다.
여러분도 자신에게 숨겨진 재능을 모르고 있지는 않나요?
재능이란 자신의 힘을, 자신의 능력을 믿는 것이랍니다.
지금부터 숨은 그림 찾기를 하듯 자신에게 숨어 있는 재능들을 하나씩 하나씩 찾아 내는 여러분이 되세요.

Stephen Covey

나는 '말'이 가진 굉장한 힘을 알고 있다.
사람은 무릇 말한 대로 행동하게 되고
행동한 대로 성취하게 된다.
결국 사람을 성취로 이끄는 것은 '말'의 힘이다.

I know the great power of words.
People act as they speak
and accomplish as they act.
After all, the power of words leads
people to their accomplishment.

스티븐 코비

The Daily Book of Positive Quotations

아프리카에는 나무를 특이하게 없애는 부족이 있다고 합니다.
여러 나무들 중에서 필요 없는 나무가 있을 때 그 부족 사람들은 그 나무 아래에 모여서 이렇게 고함친다고 합니다.
"너는 아무런 가치가 없어!"
"빨리 죽어 버려!"
신기하게도 이렇게 고함을 들은 나무는 얼마 못 가서 시들시들 죽어 버린다고 합니다.
말은 힘이 센 천하장사입니다.
"말 한마디가 천 냥 빚을 갚는다."라는 속담도 있지요.
어느 학자가 계산해 보니 그때의 천 냥은 지금 돈으로 1억 원이 넘는다고 합니다.
그 정도로 말이 가진 힘은 엄청납니다.
사람은 말을 하고 나면 자신의 뇌에 프로그램이 작동합니다.
그래서 행동이 자신이 말한 대로 움직이게 됩니다.
그리고 그 행동들이 모여 그 사람의 인생을 만들지요.
부정적인 말을 하는 사람은 결국 부정적인 인생이 만들어지고, 긍정적인 말을 하는 사람은 결국 긍정적인 인생이 만들어지는 법이랍니다.

George Sweeting

사람은 40일을 먹지 않고도 살 수 있고,
3일 동안 물을 마시지 않고도 살 수 있으며,
8분간 숨을 쉬지 않고도 살 수 있다고 한다.
그러나 희망 없이는 단 2초도 살 수 없다.

A man can live without eating for 40 days,
drinking for 3 days, breathing for 8 minutes,
but without hope, he can't last over 2 seconds.

조지 스위팅

The Daily Book of Positive Quotations

인생에도 박사 과정이 있어요.

인생 박사 과정 과목에서 가장 중요한 과목은 바로 '희망'이에요.

'절망'이라는 과정을 좋아하는 친구는 결코 인생의 박사 과정을 통과할 수가 없어요.

'희망'은 내가 가지기에 거창하거나 아주 어려운 것이 아니에요.

'희망'은 여러분이 선택하기만 하면 되는 것이에요.

절망 대신에 희망을, 근심 대신에 희망을, 걱정 대신에 희망을 선택하기만 하면 되는 거예요.

힘들고, 자신이 보잘것없는 사람으로 느껴질 때면 희망 돼지가 되는 건 어떨까요?

"마음이 배가 고픈데 희망을 실컷 먹어 볼까?" 하는 희망 돼지 말이에요.